HACIENDO DISCÍPULOS

EN LA IGLESIA DEL SIGLO VEINTIUNO

Cómo la Iglesia Basada en Células
Moldea a los Seguidores de Jesús

JOEL COMISKEY, PH.D.

CCS Publishing

www.joelcomiskeygroup.com

D0916150

Publicado por CCS Publishing
23890 Brittlebush Circle
Moreno Valley, CA 92557 USA
1-888-511-9995

Diseño por Sarah Comiskey
Traducc
Editado por Scott Boren

ISBN: 978-1-935789-60-4

CCS Publishing es una parte del ministerio de Joel Comiskey Group, un ministerio dedicado a ofrecer recursos y asesoramiento a líderes e iglesias del movimiento celular mundial.
www.joelcomiskeygroup.com

RECOMENDACIONES

He leído todos los libros de Joel Comiskey, pero *Haciendo Discípulos en la Iglesia del Siglo Veintiuno* es hasta el momento su mejor trabajo. En este libro, Joel nos recuerda que el verdadero llamado y desafío de la Iglesia no es desarrollar líderes o el crecimiento numérico, sino "hacer discípulos que hagan discípulos". También nos ayuda a entender por qué esto se logra de una mejor manera dentro del contexto de una célula o de un grupo pequeño, dándonos una gran perspectiva sobre cómo hacer que eso suceda. Espero que todos nuestros pastores, supervisores, líderes de células y miembros lean este libro en un futuro próximo.

—**Dennis Watson,** Pastor Principal, Iglesia Celebración de Nueva Orleans

Estoy tan entusiasmado con el nuevo libro de Joel Comiskey, *Haciendo Discípulos en la Iglesia del Siglo Veintiuno.*

Cuando me preguntan qué hace que una iglesia celular prospere, siempre digo, "el discipulado" Gracias Joel por revelarnos el discipulado, no sólo como un esfuerzo para los individuos, sino como el elemento fundamental para la creación de una comunidad y cultura de la iglesia que reproduce el Reino de Dios en toda la tierra. Oro por que este libro no sólo sea leído, sino para que pueda vivirse ya que fuimos creados para hacer discípulos.

—**Jimmy Seibert,** Pastor General, Antioch Community Church (Iglesia Comunitaria Antioquía) Presidente y Fundador, Antioch Ministries International (Ministerios Internacionales Antioquía)

Me gusta mucho que Joel haya hecho la pregunta del ¿Por qué? antes de la pregunta del ¿Cómo? Incluso ocupa la pregunta del ¿Qué? La cual es tan importante como las demás. El interés por el discipulado ahora es mayor de lo que fue antes en los últimos cincuenta años. Sin embargo temo que estemos utilizando las mismas palabras, pero que no estemos hablando el mismo lenguaje. Recomiendo este trabajo, animo a Joel, él se une a muchos de nosotros que somos maestros de lo obvio. Parece tan obvio que nuestro propósito es ser discípulos y hacer discípulos. Lo animo porque él sí va más allá del ¿Qué? Y del ¿Por qué? Y aborda el ¿Cómo? Esto ayudará a cualquier persona que lo lea, y oro que sean muchas.

—**Bill Hull,** Autor de *Jesus Christ Disciple Maker (Jesucristo Hacedor de Discípulos), Disciple Making Pastor (Pastor Hacedor de Discípulos), Disciple Making Church (Iglesia Hacedora de Discípulos),* y *The Complete Book of Discipleship (El Libro Completo de Discipulado),* Catedrático Adjunto de la Facultad de Teología Talbot de la Universidad Biola.

La historia del movimiento de la iglesia celular en Brasil tiene muchos nombres de grandes hombres de Dios. Joel Comiskey es ciertamente uno de ellos. Vemos cómo a través de los años su comprensión sobre la Iglesia del Nuevo Testamento se ha profundizado. Una vez más Joel nos ha sorprendido con esta joya.

Él abarca muchos aspectos de la vida de la iglesia celular, mostrándonos cómo el discipulado se relaciona con su ámbito más amplio y cómo moldea a los seguidores de Jesús. Él nos lleva al centro de la cuestión sobre la iglesia celular cuando afirma:

"El propósito del ministerio celular es hacer discípulos que hagan discípulos".

Es un excelente libro. El movimiento en Brasil seguramente será bendecido a través de este libro. Disfrútalo.

—**Robert Lay,** Ministerio de Iglesia Celular en Brasil Pionero del movimiento celular en Brasil, y editor de los libros de Joel.

En su tremendamente útil nuevo libro, Haciendo Discípulos en la Iglesia del Siglo Veintiuno, Joel Comiskey va directo al propósito medular del ministerio celular, que es "hacer discípulos que hacen discípulos". Luego él nos dice cómo lograrlo a través de La Iglesia Basada en Células. Así como los otros libros de Joel, Haciendo Discípulos en la Iglesia del Siglo Veintiuno es sólidamente bíblico, altamente práctico, maravillosamente accesible y está fundamentado en la vasta experiencia e investigación de Joel.

¡Buen trabajo Joel!

—**Dave Earley,** Pastor Principal, Grace City Church (Iglesia Ciudad de Gracia) de Las Vegas, Nevada

Autor de, *Eight Habits of Highly Effective Small Group Leaders* (*Ocho hábitos de Líderes Grupos Pequeños Altamente Efectivos*)

Catedrático Adjunto del Seminario Teológico Bautista Libertad

Por más de veinte años Joel Comiskey ha servido al movimiento de la iglesia celular. Ha ayudado a decenas de congregaciones a pasar de ser Iglesias tradicionales, a ser comunidades donde la edificación y la cosecha ocurren. ¡Veinte años!

Ahora él combina dos décadas de observación y su capacidad como investigador. Ha explorado muchos libros para recopilar un consejo sabio para nosotros. Su discusión sobre cómo las comunidades varían de una cultura a otra es ciertamente penetrante. Al ir leyendo, mentalmente voy haciendo un recuento de obreros cristianos que necesitan leer estas páginas.

¡Gracias Joel, por la manera en que le permites al Rey que hable a través de ti para engrandecer Su Reino en esta tierra!

—**Ralph Neighbour, Jr,** pionero clave del movimiento de la iglesia celular.

Joel Comiskey continua profundizando nuestra comprensión de la iglesia basada en células. En el libro Haciendo Discípulos se nos equipa para llevar a cabo la Gran Comisión a su máxima expresión. ¡Prepárate para que tu visión por el ministerio sea fortalecida y ampliada!

—**Andrew S. Mason,** Pastor de Grupos Pequeños Iglesia Thrive, Elk Grove, CA. Fundador de *SmallGroupChurches.com (Iglesia de Grupos Pequeños. com)*

Como uno de los principales expertos en el mundo sobre iglesias basadas en células, Joel Comiskey está bien posicionado para mostrar cómo funciona el estilo del Nuevo Testamento para hacer discípulos. Sus décadas de experiencia en diversos campos del ministerio alrededor del mundo confirman que todo ministerio de cada miembro y la inversión personal en discípulos son el camino de Dios hacia la verdadera madurez y expansión del Reino de Dios. ¡Este muy bien escrito libro merece la atención de cada cristiano serio!

—**Dennis McCallum,** Autor de *Organic Discipleship (Discipulado Orgánico)*

TABLA DE
CONTENIDO

DEDICATORIA

Para la Junta Directiva del Grupo de Joel
Comiskey (Steve Cordle, Rob Campbell, Mario
Vega, Jeff Tunnell, and Celyce Comiskey), quienes
me han apoyado, guiado, y bendecido en mi
ministerio y al escribir mis libros en los últimos
doce años.

AGRADECIMIENTOS

Me siento muy agradecido por la ayuda que recibí al escribir este libro. Mi nombre aparece en la portada, pero sin los ojos expertos de las siguientes personas muchos errores aparecerían en sus páginas.

Anne White trabajó por muchas horas para encontrar y corregir numerosos errores en este libro. Conocí a Anne cuando realizaba mi Doctorado en el Seminario Fuller, donde ella editaba los trabajos doctorales a estudiantes como lo era yo en ese momento. Estoy muy agradecido por su amistad y por su ayuda voluntaria en el perfeccionamiento de este libro, incluyendo los detalles de forma (ejemplo: pie de páginas, mayúsculas, minúsculas, entre otros).

Jay Stanwood, un ingeniero retirado y buen amigo mío desde hace treinta y seis años, me ayudó a ordenar mi pensamiento sugiriéndome nuevas frases y corrigiéndome algunos errores bíblicos. Jay tiene esa habilidad de tomar mis complicadas declaraciones para sugerir más sencillas y concisas frases.

Bill Joukhadar, un compañero en el andar celular--www.cells-church.com que ahora vive en Australia, descubrió errores que nadie más había encontrado y luego me ofreció su sabio consejo para corregir esos errores. Gracias compañero.

John y Mary Reith me animaron mucho, y me hicieron algunas correcciones. Ambos aman la lectura y me inspiraron a tener más confianza en mí.

Aprecio el trabajo de revisión que realizó Patricia Barrett en este libro. Ella le hizo observaciones a mi trabajo y elogió mi forma de escribir.

Rae Holt ha sido un apoyo desde hace mucho tiempo para el Grupo de Joel Comiskey, y le agradezco por tomarse cada año el tiempo para ofrecer sus observaciones y sugerencias para mis libros.

Mis buenos amigos y miembros de la Junta Directiva del Grupo de Joel Comiskey, Rob Campbell and Steve Cordle, revisaron el manuscrito para asegurarse que estuviera en el camino correcto. Les agradezco su consejo y amistad.

Scott Boren, mi editor en jefe trabajó arduamente en este libro ayudándome a mantenerme enfocado en el discipulado. En muchas ocasiones quise oponerme a su consejo y escribir de forma general sobre la iglesia celular, pero me alegro tanto de haber escuchado su coherente consejo de mantenerme enfocado en el tema central. Las habilidades de edición de Scott han hecho que este libro sea mejor.

Por último, quisiera agradecer a mi maravillosa esposa Celyce, por ser mi mejor amiga y por darme la libertad y el ánimo para escribir este libro.

INTRODUCCIÓN

He estado ayudando a iglesias a desarrollar grupos celulares saludables desde 1994. En el camino me he dado cuenta que el servicio que les proveo a estas iglesias está fuertemente influenciado por mis propias convicciones sobre el ministerio celular. En el pasado, por ejemplo, cuando me enfocaba primordialmente en el crecimiento más rápido de la iglesia a través de las células, mi entrenamiento y supervisión no edificaron un fuerte fundamento. Noté con qué frecuencia los pastores y las iglesias abandonaron el ministerio celular para perseguir otro programa o técnica, cuando el ministerio celular no producía un crecimiento inmediato.

Me di cuenta que tenía que escarbar más profundo para entender el por qué del ministerio celular a fin de poder ayudar a las Iglesias a largo plazo. Mi búsqueda por encontrar respuestas me llevó hasta la comisión que hizo Cristo de hacer discípulos que hicieran discípulos (Mateo 28: 18-20). Yo creo ahora que hacer discípulos es la motivación correcta para implementar la estrategia celular (o cualquier ministerio). Los discípulos que se parecen a Cristo son formados dentro de la célula y el sistema celular (equipando, supervisando, y sosteniendo reuniones de celebración más grandes).

Cuando un pastor capta la visión de hacer discípulos que hacen discípulos, una nueva, más pura motivación compele a la iglesia hacia adelante debido a un mejor entendimiento del porqué del ministerio celular. Entender que la estrategia celular es principalmente sobre hacer discípulos que hacen discípulos, rescata al ministerio celular de caer en técnicas superficiales y estadísticas llamativas. Coloca al ministerio celular de lleno dentro de un modelo bíblico para el ministerio. Cuando ayudo a pastores, a que dejen de enfocarse en modelos externos y a que comprendan por qué están trabando con el ministerio celular, siento que he triunfado.

Muchos libros sobre el ministerio de la iglesia celular se han escrito. Muchos de esos libros hablan sobre generalidades y tratan de cubrir todo a cerca del ministerio celular en un solo libro.[1] Mi meta en este libro es enfocarme en una cosa: el propósito del ministerio celular el cual es hacer discípulos que hagan discípulos. Cubriré muchos aspectos de la iglesia celular pero mi meta es explicar una cosa: cómo esas diferentes partes apuntan hacia la meta de moldear a los seguidores de Jesús.

¿POR QUÉ LAS CÉLULAS? ¿POR QUÉ EL DISCIPULADO?

¿POR QUÉ HACEMOS LO QUE HACEMOS?

Simon Sinek, un popular orador y autor, era considerado un "exitoso" hombre de negocios. A pesar de estar haciendo mucho dinero, él había perdido su pasión y su motivación para hacer negocios. Sinek, así como muchos, comenzó a enfocarse primero en *qué* estaba vendiendo y luego en descifrar *cómo* venderlo. Sin embargo, se dio cuenta que le faltaba saber *por qué* él estaba vendiendo el producto. Sinek comenzó a estudiar a grades innovadores, a líderes, y a compañías que iniciaron con la pregunta del *por qué*. Estas grandes compañías y personas inspiraron a aquellos que trabajaban para ellos con ideales y visión, porque ellos conocían su propósito.

A través de luchas por descubrir el entusiasmo por la vida y el trabajo, Sinek hizo algunos profundos descubrimientos personales y comenzó a ayudar a sus amigos y a los amigos de sus amigos a encontrar sus *por qué*. Con el tiempo él escribió uno de los libros más vendidos, *Start with Why (Comienza con el por qué)*, para enseñar a las personas a ir más allá de las motivaciones superficiales de la vida, los negocios o el ministerio. Él pudo notar que las compañías que iniciaban con el *que* o el *cómo*, a menudo recurrían a técnicas manipuladoras para vender sus productos, fomentando los beneficios a corto plazo. Sinek dice "Adictos a los resultados a corto plazo, los negocios hoy en día se han convertido, en gran parte, en una serie de soluciones rápidas que se añaden una tras otra y tras otra. Las tácticas a corto plazo se han tornado tan sofisticadas que toda una economía se ha desarrollado para servir a las manipulaciones, equipada con estadísticas y con una cuasi-ciencia".[2]

Se dio cuenta de que solo porque algo funciona no significa que sea correcto. De hecho, el peligro de la manipulación es que puede funcionar tan bien que una compañía o persona comience a depender de tácticas erróneas. Muchas estafas, Esquemas Ponzi, y dictadores se apoyan en motivaciones erróneas para alcanzar resultados asombrosos- pero con el tiempo estos son finalmente expuestos.

El principio de Sinek es muy simple: empieza con la pregunta del *por qué* y conoce la verdadera motivación que debe guiar a la compañía u organización. Después de invertir mucho tiempo meditando y trabajando con la pregunta del *por qué*, las preguntas del *qué* y *cómo* seguirán de manera natural.[3] Él dice, "A lo que me refiero con el *por qué* es a ¿cuál es tu propósito, causa u opinión?" ¿*Por qué* existe tu compañía? ¿*Por qué* te levantas de la cama todas las mañanas? Y ¿*Por qué* le debería de importar esto a alguien?"[4]

La mayoría de iglesias saben *qué* hacen y *cómo* lo hacen. Sin embargo, pocas comprenden *por qué* hacen lo que hacen. Si el pastor no puede articular claramente *por qué* existe la iglesia, a los miembros también les costará entender. Para inspirar verdaderamente a una iglesia, el pastor o el líder necesita abrazar y articular una convincente visón que honre a Dios

LA PRIORIDAD DE UNA MOTIVACIÓN CORRECTA

En los primeros días de mi caminar celular, me enfocaba más en las preguntas cómo y qué.

Escribí acerca de cómo las células podían hacer crecer a las iglesias. Si bien es importante saber cómo trabajar en el ministerio celular, he aprendido que lo más importante es considerar el por qué se hace. Si la motivación es defectuosa, con el tiempo los líderes se desaniman, pierden el gozo y el entusiasmo de dirigir o supervisar grupos celulares, y a menudo todos renuncian. Si la motivación es sólo sobre el cómo y el qué, la visión pronto se seca y disipa.

Cuando un pastor o un líder no entiende a cabalidad por qué está implementando el ministerio celular, este podrá caer en la trampa de seguir el modelo de otro o pensar que una nueva técnica producirá crecimiento. Las motivaciones defectuosas, no obstante, producen resultados superficiales. Las motivaciones correctas se mantienen con el tiempo y le dan sentido y propósito a lo que hacemos.

Responder la pregunta del por qué también le da al líder una flexibilidad añadida. Él o ella no está atada a una metodología o resultado en particular. En lugar de eso, el líder es libre de ajustar, adaptar, y crear las estructuras necesarias para tener éxito a largo plazo

He vivido y he practicado el ministerio de iglesia celular en Norteamérica y en Sudamérica. También he estudiado muchas iglesias celulares por todo el mundo y he conducido seminarios en estas iglesias. Cada vez más me he dado cuenta que las formulas del cómo-hacer generalmente sólo funcionan efectivamente en algunas culturas en particular y en entornos receptivos. Las formulas raras veces atraviesan fronteras y culturas. Aquellos que tienen éxito en el ministerio celular aprenden a escarbar más profundo de la pregunta del cómo-hacer, y por debajo de la motivación del por qué. La pregunta del por qué provee la visión o fuerza impulsora detrás del ministerio celular y le permite al líder seguir insistiendo a pesar de los obstáculos.

De hecho, la pregunta del cómo a menudo encierra a la iglesia dentro de ciertos patrones que probablemente no se ajustan a la circunstancia exacta donde se encuentra la iglesia. Sólo responder a la pregunta del cómo deja al pastor y a la iglesia buscando formulas del modelo de otra persona y sintiéndose frustrados cuando esas técnicas no funcionan.

Por el contrario, cuando se responde completamente la pregunta del por qué esto da longevidad al ministerio celular porque el pastor se da cuenta que el ministerio celular fluye de una base bíblica sólida. Cuando un líder capta la pregunta del por qué, la pregunta del cómo fluye naturalmente. De hecho, el líder descubre que hay muchas maneras de trabajar en el ministerio celular y una sola talla no le queda a todos. El pastor puede caminar con resolución a través de los valles debido a la firme convicción de que la iglesia se encuentra en el camino correcto.

Como creyentes sabemos que la Biblia es nuestro libro guía, y la enseñanza escritural debe guiar todo los que hacemos y decimos. Pero, ¿existe acaso un tema guía en la Escritura que se destaque más que otros? Antes de examinar los principios eternos de guianza para tu ministerio, veamos algunas trampas que necesitas evitar.

LA INEFICACIA DEL CRECIMIENTO DE LA ASISTENCIA DEL DOMINGO

Muchos pastores y líderes se motivan con el creciente aumento de asistencia en los servicios de adoración más grandes. Ellos han sido influenciados por la disciplina del *crecimiento de la iglesia*, que es una recopilación de enseñanzas que fueron formuladas y promovidas primeramente por Donald McGavran en los '70s y '80s, y popularizadas por Peter Wagner in the '80s and '90s. ¿Existe algo malo con querer tener más personas en el servicio de adoración del día domingo? No. Pero, ¿será el crecimiento de asistencia a la iglesia la motivación apropiada para un pastor o un líder?

Pienso en mi amigo, el Pastor John. Su iglesia estaba firmemente fundamentada en una filosofía bíblica para trabajar en su ministerio, sin embargo, de repente cambió de filosofía después de regresar de una conferencia de milagros que se llevó a cabo en una iglesia que había experimentado un increíble crecimiento a través de su *estrategia de milagros*. El Pastor John quería que más personas asistieran a su iglesia, así que abandonó su anterior filosofía de ministerio y comenzó a seguir este nuevo modelo de crecimiento de la iglesia. La motivación del Pastor John era el crecimiento en la asistencia.

Poner un énfasis en que hayan más personas en el servicio de adoración más grande crea problemas tales como:

- Distracción en el enfoque de desarrollar discípulos. Los líderes de las iglesias se sienten satisfechos por la multitud que asiste a sus reuniones más grandes. El problema es que aunque parezca que muchas cosas están ocurriendo en medio de la gran multitud, a menudo pocos son los discípulos que están siendo formados. ¿Por qué? Porque el discipulado no ocurre en las multitudes principalmente o por medio de que las personas escuchen la Palabra de Dios.

- La inactividad entre los asistentes. Se produce inactividad entre los asistentes a la iglesia cuando hay un enfoque en la asistencia, ya que estos sienten que ya cumplieron su propósito con asistir a la reunión de adoración grande. Esos que asisten a la reunión de adoración pueden ser o no pueden ser discípulos de Jesucristo y debido a que se promueve el anonimato, nadie en realidad lo podrá sabe.

- Mientras Cristo estuvo en la tierra él nunca se enfocó en las multitudes. Sí, él hizo Milagros y atraía a las multitudes, pero nunca se concentraba en ellos como parte de su estrategia a largo plazo. De hecho vemos como Jesús llamaba a sus discípulos de en medio de las multitudes. Michael Wilkins dedicó toda su vida a entender el significado del discipulado. Su principal libro de texto sobre el discipulado, Following the Master (Siguiendo al Maestro), es el más exhaustivo en este tema. Él escribe, "El objetivo del ministerio de Jesús en medio de las multitudes era hacerlos discípulos. Cuando él enseñaba y predicaba, la señal de fe de alguien cra cuando este aclamaba el nombre de Jesús 'Señor' (Mateo 8:18-21)".[5] Jesús sabía que la multitud era voluble. Él quería que hubiera un compromiso personal a largo plazo, no un alivio temporal debido a los milagros. John Eldredge, un famoso autor que también dirige una iglesia en una casa, escribe:

> Ir a la iglesia junto con cientos de otras personas para sentarse a escuchar un sermón no requiere mucho de uno. Y ciertamente esto jamás te pondrá al descubierto. Por eso es que muchos prefieren esto. Porque la comunidad sí lo hará. La comunidad revelará lo qué te falta para ser santo. Te acercará, tú serás visto y conocido, y allí yace el poder y el peligro.[6]

Algunos estrategas de Iglesias, enseñan que los líderes primero tienen que atraer a una multitud a fin de hacer discípulos, pero Jesús no hizo esto. A menudo él desanimaba a las multitudes a que lo siguieran por motivaciones impuras y los exhortaba a que consideraran el precio por seguirlo. Robert Coleman en el libro *The Master Plan of Evangelism (El Plan Maestro del Evangelismo)* escribe:

> La mayoría de los esfuerzos evangelísticos de la iglesia comienzan con la multitud bajo el supuesto de que la iglesia está calificada para conservar lo bueno que hace. El resultado es nuestro espectacular énfasis en el número de convertidos, candidatos para bautismo, y más miembros para la iglesia, con poca o ninguna preocupación genuina manifestada hacia el establecimiento de estas almas en el amor y poder de Dios, y mucho menos en la preservación y continuación del trabajo.[7]

Aunque muchos de acuerdo a la visión de la iglesia celular se han dado cuenta de que la asistencia no debe ser el enfoque, a menudo son atrapados por otras trampas que no representan una motivación apropiada a largo plazo.

LA INEFICACIA DEL CRECIMIENTO DE LA ASISTENCIA A LOS GRUPOS CELULARES

El crecimiento de la asistencia del grupo celular es distinto del "crecimiento de la asistencia dominical" porque hace énfasis en la asistencia tanto del grupo pequeño como del grupo grande— no sólo del servicio de adoración más grande. El crecimiento tanto en la célula como en la celebración es un paso en la dirección correcta, pero aún es insuficiente.

Muchos pastores abrazan el ministerio celular porque quieren ser como las iglesias más grandes del mundo. De hecho, la mayoría de las iglesias celulares modelo hoy en día se inspiraron en la iglesia Yoido Full Gospel Church (Iglesia del Evangelio Completo de Yoido) en Seúl, Corea, que es la pionera del movimiento de la iglesia celular moderna. YFGC creció hasta convertirse en la iglesia más grande de la historia del cristianismo. Su fundador David Cho, y además pastor principal de YFGC hasta hace muy poco, implementó el ministerio celular como la base de la iglesia en la década de 1970, y la iglesia creció a cerca de veinticinco mil células, doscientos cincuenta mil asistentes, y unos ocho cientos cincuenta mil miembros (y muchas, muchas iglesias plantadas en todo el mundo).[8] La YFGC inspiró la posibilidad de crecimiento ilimitado, y muchos pastores han hecho su peregrinación a YFGC para descubrir cómo funciona esta iglesia. Algunos de los que implementaron el modelo de Cho se han convertido en mega-iglesias celulares, como Iglesia Elim en El Salvador. Elim comenzó su travesía celular en 1986 después de visitar YFGC y no ha dejado de crecer. Muchos otros también han tenido resultados similares.

¿Entonces, por qué es el crecimiento de la iglesia celular una pobre motivación para trabajar en el ministerio celular? He aquí algunas razones:

1.   Tornando el ministerio en técnicas

Cuando una iglesia entra en la visión de la iglesia celular, debido a la posibilidad de crecimiento, es fácil buscar técnicas, en lugar de buscar a Dios para que traiga el crecimiento. Muchos se apresuran a entrar en el ministerio celular para lograr un crecimiento como el de YFGC, y la gran mayoría de las iglesias terminan decepcionadas cuando el crecimiento simplemente no ocurre. La realidad es que sólo Jesús puede traer un crecimiento cualitativo y duradero. Los líderes a menudo pueden pensar superficialmente que siguiendo una propuesta de pasos 1-2-3 se lograrán los resultados deseados. Tal vez la información que obtuvieron en un seminario, en una iglesia modelo de crecimiento, los llevó a creer en el éxito garantizado. La realidad es que sólo Dios puede producir un crecimiento que perdure.

2. Perdiendo el enfoque en la calidad de los discípulos

Es más difícil medir la calidad que la cantidad. Si un líder pone de relieve el número de personas que asisten a las células o a las reuniones más grandes, él o ella a menudo perderá de vista las razones más cualitativas para trabajar con el ministerio celular. Por ejemplo, muchos pasan por alto si las células son en realidad una comunidad en práctica o un intento nada más para alcanzar a otros. Cuando un líder no entiende el propósito bíblico que yace detrás del ministerio celular, es fácil caer en la trampa de enfatizar en los resultados externos, que normalmente producen decepción y desilusión.

3. Decepción cuando no se alcanzan las expectativas

La mayoría de los líderes no se sienten satisfechos con la tasa de crecimiento de su iglesia. Ellos quieren que sus iglesias crezcan mucho más rápido de lo que lo están haciendo. Cuando se precipitan hacia el ministerio celular con la expectativa de que su iglesia crecerá como la Iglesia del Evangelio Completo de Yoido o como una de las otras fascinantes iglesias celulares, fácilmente se pueden sentir condenados y desanimados. A menudo, estas iglesias dejan de lado el ministerio celular por otro programa o modelo.

Si bien debemos regocijarnos por lo que Dios ha hecho a través de David Cho y otras iglesias que crecen como la de YFGC, la motivación que viene del emocionante crecimiento de la iglesia es inadecuada. La realidad es que muy pocas iglesias crecerán a la condición de mega-iglesia, y están las que sí tienen una única y rara combinación de dones, talentos, y factores externos positivos (por ejemplo, la receptividad en el país, y así sucesivamente). ¿Qué ocurre con las iglesias celulares que experimentan un crecimiento lento? ¿Deberían cambiarse a otro modelo? Si el crecimiento es la razón y el factor motivador en la iglesia celular, sí deben cambiar.

4.   Estilo de liderazgo defectuoso

Un resultado muy sutil que deriva de estar motivado por el crecimiento de la iglesia celular es adoptar un estilo de liderazgo equivocado. A veces, para "obtener resultados" los líderes se vuelven controladores y dominantes, y comienzan a exigir que los miembros produzcan grandes números. A menudo, los líderes se comportan de esta manera porque *pensaron* que esto era la clave para el exitoso modelo de alguien. Porque la *iglesia modelo* parecía comportarse de esa manera, también ellos implementaron ese estilo de liderazgo.

Conozco a un pastor que tiene la reputación de motivar a su pueblo a través del terror, en lugar de hacerlo con un servicio piadoso y humilde. Terror fue la palabra utilizada por su supervisor denominacional, y tuve que estar de acuerdo con este supervisor después de haber pasado un tiempo en la iglesia de este pastor. ¿Produjo crecimiento este pastor? Sí. Pero no fue un crecimiento basado en una motivación bíblica, y tal crecimiento no fue de tipo cualitativo y no resistirá la prueba del tiempo.

LA INEFICACIA DE UNA IMPLEMENTACIÓN FÁCIL

Los pastores y los líderes están ocupados. Aunque entienden que los principios son importantes, en medio de un estilo de vida ocupado, a menudo prefieren un paquete sacado de una estantería que puedan desenvolver y fácilmente seguir.

En cierto sentido, no hay nada malo con esto, especialmente cuando se está iniciando. Una iglesia necesita un patrón, al menos, para empezar. Pero lo que yo llamo "implementación fácil" puede tener consecuencias desastrosas a largo plazo. ¿Por qué?

1. Transferencia de problemas

A menudo, un modelo pre-elaborado no funciona en ningún otro contexto que en el que fue creado. Puede parecer fácil al principio simplemente "conectar y darle play", pero el modelo termina funcionando mal debido a las barreras culturales. Por ejemplo, ¿cómo funcionaría un modelo de iglesia celular formado en el interior de la ciudad de Manila en el medio ambiente rural de Dakota del Sur? o, ¿cómo podría funcionar un modelo forjado en un ambiente orientado al grupo en África, en la cultura individualista de Australia?

También hay que tomar en cuenta el contexto denominacional. Un modelo podría funcionar muy bien en las Asambleas de Dios de Brasil, pero no funcionar en lo absoluto para los bautistas en España. Lo que funcionó muy bien en un ambiente pentecostal latinoamericano donde los líderes tienen más autoridad, tendrá que ser adaptado entre los bautistas que siguen una forma más congregacional y participativa de gobierno.

Cuando un número suficiente de estos obstáculos se producen debido a problemas de transferencia, el modelo celular pre-elaborado es frecuentemente dejado de lado y olvidado, y la idea de fondo es que el ministerio celular no funciona. El problema no era la estrategia celular, sino la adopción rotunda del modelo de otra persona.

2.   Falta de creatividad

Dios es un Dios creativo. Él se deleita cuando sus hijos lo buscan y hacen uso de su abundante creatividad. Seguir el modelo de otra persona inhibe al pastor de la dependencia y de la orientación innovadora de Dios. Seguir el modelo de otra persona es superficial y no incentiva a los líderes de la iglesia a buscar a Dios para que les dé el poder de innovar. Por el contrario, el líder se mantiene pegado al manual producido por el ingenio de otra persona y siempre se está preguntando, ¿qué haría en este caso el creador de este modelo?

Cuando el líder quiera cambiar de dirección o darle un pequeño retoque al modelo pre-elaborado, él o ella no sabrá qué hacer, porque la idea creativa original vino de alguien que entiende cómo adaptarse cuando las circunstancias cambian.

3.   Falta de motivación

Uno de los principales problemas cuando se sigue el modelo de otro es la falta de incentivos. Con el tiempo, los líderes se empiezan a preguntar por qué ponen tanto esfuerzo en el trabajo del ministerio celular, sobre todo cuando los resultados no son visibles de inmediato. El liderazgo de la iglesia comienza a dudar de todo el tiempo extra que se necesita para poner en óptimas condiciones a los grupos celulares, practicar el equipamiento del discipulado y supervisar a los líderes existentes.

Con el tiempo, se convierte en extremadamente difícil motivar y movilizar a la congregación a seguir adelante con el ministerio celular. ¿Por qué? Porque la motivación basada en el crecimiento de otra persona no incita la imaginación. Cuando los líderes se cansan y ocurren los obstáculos, el líder abandona todo a mitad del camino, pensando que la iglesia celular simplemente no funcionó, cuando en realidad, no funcionó seguir un modelo.

4. Convertirse en esclavo de otro

Algunas iglesias celulares modelo demandan obediencia total a cambio de nueva información sobre su modelo. Dicen que la clave para una implementación exitosa de su modelo yace también en estar bajo su cobertura, palabra clave que a menudo quiere decir control.

Un ejemplo moderno de esto es la Misión Carismática Internacional en Bogotá, Colombia. Esta iglesia tuvo un crecimiento explosivo en la década de 1990 y se convirtió en una sensación mundial. La MCI les pidió a todos que siguieran su modelo por completo, en lugar de sólo sus principios que podrían adecuarse y ajustarse a las circunstancias cambiantes. Les exigieron a las iglesias estar bajo su cobertura apostólica para recibir posteriormente información privilegiada. Muchas iglesias dejaron sus denominaciones, causando dolorosas divisiones. Uno de sus secretos fue la importancia del número doce como algo fundamental para el éxito celular, lo cual supuestamente también venía con una unción especial. [9]

Hoy en día, la mayoría de las iglesias han visto que no es suficiente seguir incondicionalmente modelos como el G12 y han ganado una nueva libertad y eficacia mediante la adaptación de los principios a su propio contexto de la iglesia.

LA INEFICACIA DE UNA TEOLOGÍA SUBDESARROLLADA

Ralph Neighbour es famoso por acuñar la frase, "La teología engendra la metodología". Sin embargo, muchos pastores no tienen una sólida base teológica para el ministerio celular. Tal vez ellos comenzaron el ministerio celular porque vieron la falta de atención pastoral que existía en su iglesia, y trataron de tapar el hueco pastoral con algunos pequeños grupos. El ministerio celular era simplemente otro programa más, en vez de ser el corazón de la iglesia. Muchas iglesias establecen sus pequeños grupos sobre el pasaje muy citado en Hechos 2:42-46:

> Se mantenían firmes en la enseñanza de los apóstoles, en la comunión, en el partimiento del pan y en la oración. Todos estaban asombrados por los muchos prodigios y señales que realizaban los apóstoles. Todos los creyentes estaban juntos y tenían todo en común: vendían sus propiedades y posesiones, y compartían sus bienes entre sí según la necesidad de cada uno. No dejaban de reunirse en el templo ni un solo día. De casa en casa partían el pan y compartían la comida con alegría y generosidad.

Este maravilloso texto ha ayudado a la Iglesia a comprender la conexión entre las células y la celebración en la iglesia de Jerusalén.[10] Sin embargo, estos versos dan poca información acerca de la célula y la celebración, y no proporcionan una base lo suficientemente fuerte como para llevar a la iglesia a través de las tormentas del ministerio. En otras palabras, no es lo suficientemente profundo. Entonces, ¿cuál es el problema con no tener una razón bíblica más profunda para trabajar en el ministerio celular? Sostenibilidad.

Si el fundamento es superficial, hay una buena probabilidad de que el ministerio celular no vaya a resistir las tormentas de la duda, la resistencia, y el cansancio. Los líderes celulares, supervisores y el personal podrían darse por vencidos cuando las cosas se ponen difíciles o cuando un programa aparentemente más fácil aparezca. Si la motivación no está firmemente ligada a la verdad bíblica, es natural ver el ministerio celular como cualquier otro programa.

Durante muchos años estuve más emocionado por las razones pragmáticas para el ministerio celular y por las metodologías claves fomentadas para ayudar a las iglesias a crecer a través del ministerio celular. Sin embargo, no di suficiente prioridad a la base bíblica para el ministerio celular. Con el paso de los años, me he dado cuenta de la necesidad de comenzar con una fuerte base teológica. Lo hice una prioridad para responderme a mí mismo las preguntas teológicas sobre el ministerio celular y en 2012 escribí un libro llamado, *Biblical Foundations for the Cell-Based Church (Fundamentos Bíblicos para la Iglesia a Basada en Células).* En este libro expongo fundamentos bíblicos claves para trabajar en el ministerio celular, que incluyen:

- La naturaleza trina de Dios. Dios creó al hombre a su imagen, quien es inherentemente relacional. El aislacionismo va en contra de la naturaleza de Dios, y Dios llama a su iglesia para reflejar comunidad. Dios está trabajando dentro de los creyentes para que sean más relacionales.
- La Iglesia como familia de Dios. Dios creó a las familias para reflejar su naturaleza trina. La imagen de la familia es la metáfora principal de la vida en la iglesia del Nuevo Testamento. Dios forjó la Iglesia, su nueva familia en las casas para reflejar una muy unida relación entre los unos y los otros, donde la hospitalidad y la familia extensa era la prioridad.
- El énfasis de Cristo puesto en el hogar. Jesucristo vino a proclamar el gobierno de Dios, su reino. Cristo reunió una comunidad de discípulos para demostrar cómo operaba este nuevo reino. Eligió el ministerio en los hogares para reflejar la imagen de la nueva familia de Dios. Luego mandó a sus discípulos en equipo para ministrar en las casas, dándoles instrucciones claras sobre cómo alcanzar a la gente a través de la estrategia de la casa.
- El ambiente de la iglesia en las casas de la iglesia primitiva. Dios estableció la iglesia primitiva en el ambiente de la casa, la cual se extendió por todo el Imperio Romano. La mayoría de las iglesias en las casas tenían entre diez y veinte personas,

aunque algunas iglesias en las casas eran más grandes. El contenido de las reuniones en la casa era flexible y dinámico. Ellos celebraron la Cena del Señor como una comida, disfrutaron de la camaradería, se ministraban unos a otros la palabra de Dios, practicaban la hospitalidad, oraban, adoraban, bautizaban a los nuevos creyentes, y evangelizaban.

- Evangelismo relacional a través de los contactos cercanos que se extendían desde las iglesias en las casas. El evangelio fluía a través de la familia extensiva en los tiempos del Nuevo Testamento, que incluía a parientes cercanos, sirvientes, hombres libres, trabajadores contratados, y en ocasiones a inquilinos y a socios en el comercio. Después de que Jesús transformara a las personas, estas se comportaban de manera diferente en sus relaciones familiares. Los maridos cuidaban de sus esposas, los esclavos eran tratados con dignidad, las parejas casadas se sometían entre ellas, y gobernaba el amor. La gente podía ver los cambios de cerca pues la vida de la ciudad se vivía a la vista de todos, y muchos se convertían en seguidores de Jesús y en su nueva familia.

- Desarrollo de liderazgo orgánico del ministerio de casa en casa. Los apóstoles de Cristo dirigieron a la Iglesia después de Pentecostés, pero la iglesia primitiva comenzó a confiar en los líderes desarrollados a través del ministerio de la iglesia en la casa. El liderazgo en la Iglesia primitiva era orgánico, carismático, no jerárquico, basado en el hogar, orientado al equipo, y promovía tanto a hombres como a mujeres. El Espíritu de Dios a través de sus dones permitía a cada miembro ministrar. Las mujeres jugaban un papel esencial en el liderazgo primitivo, y la atención se centraba en el equipo, no en un líder.

- La conexión entre las iglesias en las casas. La iglesia primitiva se reunía principalmente en iglesias en las casas, pero esas iglesias en las casas no eran entidades independientes.

Algunas veces las iglesias en las casas se reunían de manera regular todas juntas en una reunión más grande, como lo podemos ver tanto en Jerusalén como en Corinto. En otras ocasiones, esas reuniones eran menos frecuentes. Los escritores del Nuevo Testamento usaron la palabra ecclesia para referirse a las reuniones de las la iglesias en las casas, las reuniones más grandes, y la iglesia universal.

Aunque estos principios vienen directamente de las Escrituras, también sé que es posible perderse en el laberinto de razones bíblicas para el ministerio de la iglesia celular. ¿Es posible reducir estos principios en un objetivo principal? ¿Existe una motivación que se destaque por encima del resto? Creo que sí existen y explicar ese propósito es la razón principal para escribir este libro.

LA INEFICACIA DE MÁS LÍDERES

Durante muchos años pensé que el desarrollo del liderazgo era la esencia del ministerio celular. Tomé el pasaje de Mateo 9:37-38 como mi punto de partida, donde Jesús dijo a sus discípulos: "La cosecha es abundante, pero son pocos los obreros les dijo a sus discípulos. Pídanle, por tanto, al Señor de la cosecha que envíe obreros a su campo".

Sin embargo, en 2001 empecé a ver los agujeros en mi uso de la palabra líder. Sostuve la opinión de que todos en la iglesia debían convertirse en líderes, pero algunos pastores me retaron en cuanto a esto. El pastor David, un maestro talentoso y una persona muy analítica, se dio cuenta de que muchos miembros en su propia iglesia no querían convertirse en líderes. En especial él quería saber si la convicción de liderazgo, expresada en mi libro *Leadership Explosion (Explosión de Liderazgo)* era bíblica.[1] David, junto con los otros pastores en el grupo de supervisión, luchó con este problema, queriendo saber qué tan bíblica era la palabra *líder*. No sentían que había suficiente evidencia bíblica para la priorización del *liderazgo* a través del ministerio celular. También me di cuenta de que la Biblia no dice directamente que todo el mundo debe convertirse en un *líder*. Fue un gran concepto, pero era simplemente difícil de defender.

Luego estaba el problema con la definición de un líder. Muchas culturas veían a los líderes como controladores y dominantes. Para muchos, la palabra líder evocaba imágenes de un tipo especial de persona que está dotada para dirigir a otros, crear seguidores, y con audacia vislumbrar el futuro. Otros imaginan que un líder cristiano debe mantener una posición oficial dentro de la iglesia. En otras palabras, un líder parecía estar más allá del alcance de la mayoría de los demás miembros.

David me desanimó en el uso de la palabra *líder* en el proceso de equipamiento del discipulado. Él sintió que la palabra *discípulo* encajaba con la escritura mucho mejor que la palabra *líder*. Yo había estado utilizando la palabra líder durante tanto tiempo que me resistí a su argumento, pero algo sonó cierto en el argumento de David mientras examinaba las Escrituras.

Me di cuenta que el punto de vista de David coincidía con el de Jesús y sus discípulos. Jesús mismo usó la palabra *discípulo* para describir a sus seguidores. Jesús transformó el mundo diciéndole a sus discípulos que el mayor sería aquel que más sirviera (Lucas 22:26). Se quitó la ropa y lavó los pies de sus discípulos para modelar la servidumbre. Dios comenzó a cambiarme y a ayudarme a captar una base más bíblica para la esencia del ministerio celular.

---

1 En Leadership Explosion (Explosión de Liderazgo), defendí el desarrollo de líderes a través de grupos celulares. En ese libro me relaciono con la teoría del liderazgo y con lo que la Biblia dice del liderazgo.

UNA MOTIVACIÓN QUE RESISTE EL PASO DEL TIEMPO

El claro mandamiento de Cristo a la iglesia fue hacer discípulos que hicieran discípulos. En Mateo 28:18-20 le dio a Iglesia "órdenes de poner en marcha" lo siguiente:

> Se me ha dado toda autoridad en el cielo y en la tierra. Por tanto, vayan y hagan discípulos de todas las naciones, bautizándolos en el nombre del Padre y del Hijo y del Espíritu Santo, enseñándoles a obedecer todo lo que les he mandado a ustedes. Y les aseguro que estaré con ustedes siempre, hasta el fin del mundo.

En Mateo 28, Jesús está diciendo a su propio grupo de seguidores que generen otro grupo de discípulos. Jesús esperaba que sus discípulos siguieran su patrón de ejemplificar su poder y su amor a través de la enseñanza práctica y ejemplos. Jesús desarrolló su propio grupo de doce discípulos y estuvo con ellos durante tres años. En el ambiente del grupo, estos discípulos fueron moldeados, formados, capacitados, y luego enviados. Los mismos discípulos se convirtieron en los principales líderes de la iglesia primitiva. El propósito de Cristo de moldearlos en el grupo pequeño tenía un propósito mayor.

No sólo ministró Jesús con estos discípulos en el transcurso de tres años, pero luego los envió a los hogares para establecer iglesias en las casas que se multiplicarían e infiltrarían en las comunidades aledañas (Lucas 9 y 10).

La palabra *discípulo* aparece doscientos treinta y dos veces en los Evangelios y veintisiete veces en el libro de los Hechos, un total de doscientos cincuenta y nueve veces. La palabra *discípulo* significa simplemente alumno o aprendiz.[11] En la antigüedad, a los alumnos o seguidores de un maestro se les llamaba discípulos y se comportaban de la misma manera que los que siguieron a

Jesús (Mateo 5:1, Lucas 6:17; 19:37). Había muchos aprendices de Jesús en el Nuevo Testamento, pero sólo algunos se convirtieron en sus discípulos — sólo aquellos que decidieron obedecer las enseñanzas de Cristo.

Después de la resurrección de Cristo, la palabra *discípulo* fue reemplazada por palabras como *creyente, santo, cristiano, hermano o hermana en Cristo*. ¿Por qué? Porque después de Pentecostés, Dios estableció la iglesia y la reunión de los creyentes, como el lugar principal donde se producía el discipulado. En lugar de convertirse en un discípulo de una persona, los primeros cristianos fueron moldeados y formados por el Espíritu de Dios obrando a través de la Iglesia de Cristo. La iglesia primitiva siguió el patrón de Cristo y cambió el mundo casa por casa. Esas iglesias en las casas realizaban sus celebraciones juntas. Michael Wilkens dice: "El discipulado hoy en día siempre se lleva a cabo como una consecuencia de la vida de la iglesia, mientras que antes de Pentecostés ocurría con Jesús personalmente. . . Podemos ir tan lejos como para decir que en muchos aspectos el discipulado es el objetivo general de la iglesia, incluyendo la evangelización, la crianza, el compañerismo, el liderazgo, la adoración, etc".[12] Dios escogió a la Iglesia para hacer discípulos— tanto en este tiempo como en los tiempos del Nuevo Testamento.

El ministerio celular no trata principalmente acerca de la célula, sino de hacer discípulos que sean moldeados, formados, y transformados a través del sistema celular. Como líderes entiendan este proceso, es una nueva, más pura motivación que se desarrolla y que obliga al pastor a ir hacia adelante debido a una nueva comprensión del *porqué* del ministerio celular. Al entender que la estrategia celular es principalmente acerca de hacer discípulos, el ministerio celular es posicionado dentro del marco bíblico y anima a los pastores a dejar de centrarse en los modelos externos y a dar prioridad a una bíblica ancla segura para el ministerio.

Capítulo Dos

¿Y POR QUÉ LAS CÉLULAS?

En mi preparación para escribir este libro, exploré todos los libros que pude encontrar sobre el *discipulado*. Yo esperaba que los autores destacaran el llamado de Cristo de hacer discípulos en un grupo pequeño, así como el compromiso de la iglesia primitiva para seguir ese patrón a través del ministerio de casa en casa. Sin embargo, me quedé sorprendido con la cantidad de libros que obviaron el llamado de Cristo a discipular en un grupo. La mayoría de libros, de hecho, hacían hincapié en el crecimiento personal y en la variedad de discipulados personalizados (uno por uno) que se encuentran en las culturas occidentales individualistas, como la de Norteamérica.

El patrón típico que se encuentra en la mayor parte de estos libros de *discipulado* es comenzar a hablar de Jesús y de la necesidad del discipulado. Los escritores a continuación, definen la palabra discípulo, explican la importancia del discipulado, y dilucidan las diferencias entre el discipulado en el tiempo de Cristo y el de la iglesia después de la resurrección.

A continuación, (en este tipo de libro) el libro hablará sobre los actuales métodos de discipulado, como la espiritualidad personal y el discipulado personalizado. El autor posteriormente también hablará sobre la necesidad de practicar las disciplinas espirituales, como tener un tiempo devocional, el ayuno, la oración, la lectura de la Biblia, y otras disciplinas de la vida cristiana. Más adelante en este libro, el autor también podría tener un capítulo acerca de la necesidad de pertenecer a una iglesia local como un factor importante del discipulado.

Sin embargo, el camino principal del discipulado que muestran estos libros es a través del crecimiento personal entre Dios y el discípulo potencial y entrar en una relación de discipulado personalizado con un cristiano maduro. Frecuentemente, los ministerios que enfatizan en el discipulado personalizado, como Navigators, Campus Crusade o InterVarsity, se destacan como ejemplos de cómo hacer esto.

Siempre he creído firmemente en las disciplinas espirituales y he sido discipulado de una manera personalizada en varias ocasiones. No estoy en desacuerdo con lo que estos autores escriben. Mi única preocupación es saber si esto es lo que Jesús tenía en mente.

Lo que me sorprende es la falta de material sobre el tema del discipulado en un grupo. Los libros sobre el discipulado no hacen la conexión entre cómo Jesús y la Iglesia primitiva hicieron discípulos, con la forma cómo deberíamos estar discipulando hoy. La mayoría de los autores fallan al no explicar el contexto del discipulado en grupo en el Nuevo Testamento, y hacen que parezca que la variedad de discipulados personalizados es el camino bíblico para hacer discípulos. Ignorar esto y solo realizar devocionales personales y discipulados personalizados es como saltar de los tiempos bíblicos hasta la cultura occidental.

¿Por qué hay tantos autores que hacen esto? Porque la mayoría de libros sobre el discipulado son escritos por autores que vienen de culturas individualistas, donde se supone que el individuo tiene prioridad sobre el grupo. Sin embargo, esto no es cierto de acuerdo a la historia de la Iglesia o incluso para la mayoría de las culturas actuales.

EL DISCIPULADO DE ACUERDO A JESÚS

La Escritura dice: "Los once discípulos fueron a Galilea, a la montaña que Jesús les había indicado. Cuando lo vieron, lo adoraron; pero algunos dudaban. Jesús se acercó entonces a ellos y les dijo: Se me ha dado toda autoridad en el cielo y en la tierra. Por tanto, vayan y hagan discípulos de todas las naciones, bautizándolos en el nombre del Padre y del Hijo y del Espíritu Santo, enseñándoles a obedecer todo lo que les he mandado a ustedes. Y les aseguro que estaré con ustedes siempre, hasta el fin del mundo". (Mateo 28:16-20).

Note que Jesús está hablando con el grupo de discípulos en estos versículos. Estos son los mismos discípulos (aparte de Judas) a quienes Jesús moldeó y formó por un período de tres años. Él les había enseñado importantes lecciones de vida, ya que vivían juntos. Gran parte del desarrollo crucial del carácter se dio mientras trabajaban a través de los conflictos y vencían las dificultades que se presentaban entre ellos. Jesús había llamado a estos discípulos a unirse a una nueva comunidad y a convertirse en parte de una nueva familia espiritual. [13] Aprendieron a relacionarse unos con otros en medio del crisol del conflicto. Jesús estaba pendiente del orgullo de ellos, y los animaba a caminar en humildad. Después de tres años, estaban listos para iniciar el proceso una vez más con su propio grupo pequeño. Ellos entendieron que seguir a Jesús significaba la confesión pública y un compromiso de grupo.

Los discípulos, sin duda tenían una relación personal con Dios, pero esa relación personal necesitaba ser moldeada y formada en un ambiente comunitario donde "los unos a los otros" de la Escritura fueran priorizados (se hablará más sobre los unos-a los-otros en el siguiente capítulo). Jesús dijo a sus discípulos: "Este mandamiento nuevo les doy: que se amen los unos a los otros. Así como yo los he amado, también ustedes deben amarse los unos a los otros. De este modo todos sabrán que son mis discípulos, si se aman los unos a los otros". (Juan 13:34-35)

Jesús usó la casa para reunir a su iglesia, la nueva familia de Dios. A veces me imagino a Jesús durmiendo alrededor de fogatas, como las imágenes de vaqueros en el salvaje Oeste. Sin embargo, Jesús ministró en un entorno doméstico. Al leer acerca de Jesús que iba de pueblo en pueblo sanando a los enfermos, en realidad estaba ministrando en los hogares. A continuación se ofrece un vistazo del Ministerio de Cristo en los hogares:

- Jesús en la casa de Pedro (Mateo 8:14)
- Jesús en la casa de Mateo (Mateo 9:10)
- Jesús en la casa de Zaqueo (Lucas 19:1-10)
- Jesús en la casa de Lázaro y sus hermanas (Lucas 10:38-42)
- Jesús en la casa de Jairo (Marcos 5:35-38)
- Jesús sanando a dos ciegos en una casa (Mateo 9:28-30)
- Jesús en la casa de Simón el leproso (Mateo 26:6)
- Jesús enseñando a sus discípulos en una casa

(Marcos 7:17-18; 9:33; 10:10)

- Jesús perdonando y sanando a un paralítico en una casa (Lucas 5:19)
- Jesús en la casa de un Fariseo (Lucas 14:1)
- Jesús instituyendo la Cena del Señor en una casa (Mateo 26:18)
- Jesús envió a sus doce y a sus setenta discípulos a sanar y a enseñar de pueblo en pueblo y de casa en casa (Lucas 9:1-9; 10:1-11)

Jesús se infiltró en las casas y en las familias de su tiempo para promover esta nueva familia de fe. Después envió a sus discípulos de dos en dos para servir en las casas (Lucas 9 y 10). Después de la resurrección de Cristo, la iglesia primitiva se reunía en las casas para continuar con esta mentalidad familiar. A través del ministerio de casa-en-casa, pusieron al mundo de cabeza, de adentro hacia afuera.

¿Qué nos dice la Gran Comisión? Nos dice que Dios desea transformar a las personas de ser individualistas solitarios a jugadores de equipo. David Watson, evangelista anglicano y escritor, escribe:

Igualmente llama la atención que Jesús llamara a los individuos, no para permanecer en aislamiento, sino para unirse a la nueva comunidad del pueblo de Dios. Él llamó a los Doce para compartir sus vidas con él y los unos con los otros. Tenían que vivir cada día en una comunión rica y diversa, perdiendo su independencia, aprendiendo interdependencia, obteniendo los unos de los otros nuevas riquezas y fuerza. [14]

Relacionarse con otras personas y aprender a dar y a recibir es importante para Dios. Sí, él desea que cada persona tenga una relación individual con él, pero esto es sólo parte de la ecuación. Sin embargo, de acuerdo con la mayoría de los libros sobre el discipulado, el discipulado personalizado y una relación personal con Dios son la esencia del discipulado. Las Escrituras nos dicen otra historia sobre el discipulado.

EL CONTEXTO BÍBLICO

Cuando hablamos de la inspiración de la Biblia, nos estamos refiriendo al momento en que los escritores escribían sus palabras. En ese momento, estaban escribiendo las palabras de Dios. Todo lo que sigue después de eso es la aplicación de lo que escribieron. Por esta razón, es esencial saber a quienes les estaban escribiendo, el contexto y la cultura en la que estaban escribiendo, y la historia general de la época. Después, será posible interpretar correctamente el pasaje y aplicarlo con precisión.

Sin embargo, muchas personas se saltan este punto. Para empezar, van directo a la aplicación de las Escrituras sin tener la correcta interpretación. Para entender a los escritores del Nuevo Testamento, tenemos que entender el contexto.

El contexto del Nuevo Testamento era un ambiente de grupo. Los que estuvieron en los tiempos del Nuevo Testamento formaron parte de una cultura colectiva que priorizó al grupo más que al individuo. El Dr. Joseph Hellerman, Catedrático del Seminario Teológico Talbot, escribe: "Esta fuerte perspectiva de grupo se ve a lo largo del Antiguo y Nuevo Testamento. Ha sido el plan de Dios desde el principio". [15] Jesús y los escritores del Nuevo Testamento esperaban que la gente fuera parte de un grupo. La cultura de la que los autores de las Escrituras escribieron se busca asemejarla a las culturas actuales, como la cultura Africana. Norman Kraus, misionero Menonita y autor, al escribir sobre el contexto bíblico, dice lo siguiente:

El trasfondo cultural contra el que se debe interpretar más de cerca se asemeja a algunas culturas tribales africanas contemporáneas, más que al individualismo estadounidense. En estas sociedades, el individuo es visto como una determinada personificación de la familia orgánica, atado literalmente a los antepasados como la continuación de su fuerza vital. El individuo adquiere identidad propia mediante la asimilación de la identidad del clan. [16]

Los escritores del Nuevo Testamento no habrían entendido el individualismo moderno. Para ellos, el individuo era siempre parte de un mundo social más amplio y este mundo social era el principal. En contraste, la Biblia se basa en la creencia de que los seres humanos en todos los niveles están unidos en comunidades de varios tipos. Un investigador de la Iglesia, John Ellas escribe:

La comunidad cristiana primitiva se encuentra en fuerte contraste con las condiciones del tiempo actual donde los miembros de la iglesia tienen relaciones interpersonales muy limitadas. El ministerio que trabaja el área de 'los unos a los otros' requiere la interacción espiritual cara- a- cara que falta en la mayoría de los miembros de las iglesias de hoy. En la comunidad bíblica, los miembros aman, sirven, oran y llevan los unos las cargas de los otros (Gálatas 6:22).[17]

Rodney Clapp, autor de un libro sobre el discipulado y la cultura popular, escribe: "Desde una perspectiva histórica, es nuestro individualizado, aislado e independiente ser, el que es extremadamente raro". [18]

Dios escogió el contexto de grupos pequeños para desarrollar a seguidores de Jesucristo completamente devotos, y hace lo mismo hoy en día. Este es el contexto que Dios eligió para construir su iglesia. ¿Por qué? Porque este es el contexto en el que podemos llegar a ser seguidores de Jesucristo completamente devotos.

DISCIPULADO DE GRUPO Y CULTURA

Cada cultura contiene elementos buenos y malos, y todos los aspectos de las culturas necesitan ser juzgados sobre si se alinean o no con las Escrituras. Debemos someternos a la Biblia y permitirle criticar la cultura. Ninguna cultura es perfecta, pero la palabra de Dios lo es. La cultura debe ser conforme a la palabra de Dios y no al revés. Dios desea cambiarnos para que seamos conforme con su palabra, y debemos recordar que la Biblia, no la cultura, tiene que dictar todo lo que hacemos y pensamos

Culturas como la de Norteamérica, Australia y Europa son más individualistas por naturaleza. Hay muchas grandiosas características de estas culturas occidentales, como el respeto a la ley, el trabajo duro, la creatividad, la diligencia y el logro individual. Si bien hay muchas cualidades ejemplares, el actual individualismo en gran parte nos ha conducido por el camino peligroso del aislacionismo, el anonimato y la soledad.

La cultura del individualismo se siente incomoda con los mandamientos bíblicos de servirse unos a otros, someterse a los demás, renunciar a derechos por el bien del grupo, y humillarse a sí mismo ante los demás. Sin embargo, estas características bíblicas son absolutamente esenciales y fundamentales en las Escrituras.[19] El mandato de Cristo a sus discípulos es claro: ámense los unos a los otros. El Dios trino es un testimonio eterno de la unidad de Dios. La Iglesia primitiva fue un movimiento cercano, de *cara- a- cara*, reuniéndose en los hogares y multiplicando la vida de Dios a través de la comunidad.

El contexto orientado al grupo del Nuevo Testamento y las muchas exhortaciones a seguir la filosofía de los unos-a los-otros, y a caminar en unidad indican que Dios quiere formar a los discípulos en un contexto de grupo. Que una cultura haga esto bien no es el punto principal. Lo que es esencial es la disposición que tengamos de ser moldeados y conformados a lo que Dios dice que es importante.

Las culturas occidentales individualistas no pueden justificar bíblicamente que Jesús se haya centrado en un discipulado personalizado, cuando él demostró claramente qué tipo de discipulado estaba fomentando. Debemos ser fieles a la Escritura y fomentar primero la forma de discipulado que se encuentra en las páginas de las Escrituras, y luego aplicar otros aspectos del discipulado a nuestra propia cultura, sin tratar de leer en las Escrituras lo que no está allí plasmado. La Escritura, no la cultura, determina la motivación para trabajar en el ministerio celular

Como se mencionó anteriormente, la principal razón por la que la iglesia ha perdido de vista este tema de la comunidad en el mundo occidental se debe a que muy a menudo los creyentes leen la Biblia a través de la lente del individualismo. La realidad es que las personas que viven en una cultura colectivista entienden el discipulado de grupo mucho mejor porque de manera innata ya priorizan las relaciones. Ellos, también, se sienten mucho más cómodos en un ambiente de grupo y toman menos tiempo para adaptarse.

He sido misionero por muchos años en una cultura orientada al grupo y hago la mayoría de mis actuales seminarios celulares en culturas orientadas al grupo. He descubierto que estas culturas se sienten más cómodas de manera natural en un ambiente de grupo porque son naturalmente orientadas a la comunidad. Un aspecto muy positivo de las culturas orientadas al grupo es la propensión hacia la comunidad. Nuestro ministerio de grupos pequeños en el Ecuador, por ejemplo, creció rápidamente en

medio de una cultura mucho más orientada al grupo. La gente
en la iglesia estaba muy emocionada de participar en los grupos,
ya que generalmente les gustaba estar con otras personas y lo
consideraban como una prioridad. No fue difícil reunir a la gente
en el ambiente relajado del hogar, ya que este era su deseo
interno.

La realidad es que el Dios de la comunidad ha bendecido a la
mayoría de las culturas de todo el mundo con una orientación
de grupo. El teólogo Bruce J. Malina escribe: "Un 80 por ciento
de las personas en nuestro planeta son colectivistas. . . El hecho
significativo para aquellos individualistas que leen la Biblia es
que los escritores bíblicos y las personas a las que describen
también eran colectivistas, incluyendo a Jesús". [20] Malina
continúa diciendo, "las culturas individualistas son un fenómeno
relativamente reciente". [11] No existían antes del siglo XVI o
XVII, de acuerdo con Malina.

El individualismo no es la norma, especialmente aquellos
aspectos que tienden a aislar a las personas de los demás y a
separarlos de la comunidad. Me doy cuenta que el establecimiento
del ministerio de grupos pequeños es más difícil en la cultura
individualista debido a la tendencia de separarse en lugar de dar
prioridad a las relaciones. Sin embargo, ya sean individualistas u
orientados al grupo, las Escrituras siguen siendo verdad, y nos
exhortan a hacer discípulos en un grupo.

También he investigado y practicado el ministerio celular en
los Estados Unidos y en otros países occidentales. Me he dado
cuenta que las personas no se conectan de forma natural en los
grupos pequeños. El tiempo para que la comunidad se desarrolle
es más largo. La multiplicación también es más tardada debido
a que el grupo necesita tiempo para convertirse en una comunidad,
en la familia de Dios. Las culturas occidentales tienen que trabajar
con el tema de la comunidad y a la mayoría les resulta más difícil
considerarla una parte regular de un grupo celular. De hecho, he

escuchado a muchos líderes occidentales decir, "los grupos pequeños no son lo mío", o "pueden serlo para otros—del tipo sentimental, pero no para mí. Yo soy diferente. Me siento incómodo en un grupo". Me río cuando oigo esto porque ahora creo que la mayoría de los occidentales se sienten incómodos en un grupo. Pero, ¿podemos utilizar esta línea cultural de razonamiento para evitar el involucramiento en grupos pequeños? El discipulado bíblico, más bien, requiere de nosotros que nos adentremos en un grupo pequeño y que le permitamos a Dios que nos moldee en el proceso.

La realidad es que los grupos celulares podrían no funcionar bien. Las relaciones son algo complicadas. La gente es disfuncional. Somos egoístas y queremos seguir nuestro propio camino. Algunos en el grupo tienden a hablar demasiado y a no escuchar lo suficiente. Otros se esconden y no se expresan. Sin embargo, todas las culturas, independientemente que estén orientadas al grupo o que sean individualistas, necesitan un discipulado de comunidad. Dios ha elegido este método para hacernos más como Jesús.

LA EXPRESIÓN INDIVIDUAL EN UN GRUPO

Concentrarse en la comunidad no debe restarle valor al individuo, sino por el contrario debe realzarlo. Las personas que están siendo moldeadas dentro de una pequeña comunidad de creyentes continúan creciendo en una relación personal con Dios.

La Trinidad es nuestro ejemplo. Existe perfecta unidad en la Trinidad, pero cada persona de la Divinidad es única. La Biblia subraya dos verdades complementarias e igualmente importantes en esta área. Por un lado, hace énfasis en el valor intrínseco de la persona, como hecha a la imagen de Dios. Por otro lado, la Biblia pone gran énfasis en la importancia de la comunidad. [22]

También tenemos que distinguir entre la individualidad y el individualismo. La individualidad hace referencia a un individuo como una persona responsable dentro de la comunidad, mientras que el individualismo exalta la independencia de los individuos y sus derechos privados. La individualidad puede ser buena, mientras que el individualismo engendra alienación y orgullo. Kraus dice, "El pecado de la humanidad no es la afirmación de la individualidad en la comunidad, sino la afirmación de la autonomía e independencia que tiene el individuo de Dios y del prójimo". [23]

La alternativa bíblica es que el individuo esté en comunidad. Se trata de tener una relación con Dios, y después estar en comunidad con el cuerpo de Cristo. Cada miembro del grupo depende del otro y está involucrado uno con el otro. Esta interacción potencia la personalidad individual y proporciona identidad personal. [24]

Dios nos permite que seamos todo lo que se supone que debemos ser en comunidad. Nos hacemos fuertes como individuos mientras nos relacionamos con otros en el grupo. Todos los discípulos de Cristo tenían personalidades fuertes, pero ellos aprendieron a través del conflicto a someterse unos a otros. Ese es el objetivo de ser moldeado a través del proceso de la comunidad.

Conocer y experimentar a Dios es algo que está profundamente condicionado por la comunidad. Nuestra relación continua con él se sustenta y se nutre en la comunidad. Nuestras convicciones son expresadas, el cuidado hacía los demás se lleva a cabo, así como el perdonar y recibir perdón. David Gill, autor y catedrático de ética cristiana, escribe:

> Debemos tener comunidad para apoyar y corregir nuestro discipulado en el mundo. Esto parece tan obvio, pero nuestra práctica frecuentemente es tan individualista. El

discipulado cristiano no es para Llaneros Solitarios (aunque para ser justos, incluso el hombre enmascarado tenía a Toro como su compañero). Tenemos que resistir al individualismo de nuestra cultura y cultivar relaciones profundas y sólidas con los demás. Los desafíos que enfrentamos son formidables; sin comunidad se convierten en algo imposible. [25]

En un grupo pequeño saludable no sólo se mantiene nuestra individualidad, pero nos damos cuenta que somos valiosos individuos con un papel que jugar asignado por Dios. El discipulado en un grupo incluye las relaciones interdependientes y recíprocas, cuyo objetivo es el realce de la calidad personal del propio grupo. Lo que las personas tienen en común es tenerse el uno al otro y el realce mutuo de cada persona, mientras viven sus vidas juntos. [26] El discipulado de grupo no es un despojarme de mis propios derechos, aspiraciones o metas. Más bien, es el desarrollo de esos atributos personales en el ambiente de grupo.

Nos convertimos en discípulos a medida que aprendemos a amarnos unos a otros y a permitir que otros nos hagan responsables de nuestros actos. Este fue el tipo de discipulado que Jesús tenía en mente cuando mandó a sus discípulos a seguir su propia estrategia para hacer discípulos en el ambiente de grupo.

CÓMO HACEN DISCÍPULOS LAS CÉLULAS

Capítulo Tres

EL DISCIPULADO A TRAVÉS DE LA COMUNIDAD

Jim tenía poco interés en _seguir_ a Jesús, pero después de muchas conversaciones amistosas, él estaba finalmente listo para escuchar acerca de Jesús. Una noche, mientras hablaba en su casa, él incluso oró la "oración del pecador". Sin embargo, yo no vi ningún cambio en su vida, y me pregunté si verdaderamente había nacido de nuevo. Él Mantenía su versión individual de cristianismo, y me decía que él era una persona muy reservada y que no le gustaba abrirse a otras personas. Después de muchos meses de sólo escucharlo y orar por Jim, sentí la necesidad de desafiar su falso pensamiento individualista. Yo le dije: "Aquellos que conocen a Jesús están dispuestos a que otros puedan pedirles cuenta. No se aferran a una religión privatizada y a su propia fe personal". Mis palabras chocaron contra un muro. A Jim no le importó escuchar acerca de Jesús y estaba dispuesto incluso a "aceptar a Cristo". Pero convertirse en un miembro responsable del cuerpo de Cristo estaba lejos, muy lejos de su mente o deseo. Jim, como tantos otros, se había hecho la idea de un cristianismo privatizado— Dios y yo.

Por el contrario, la obra de Dios no se ha completado en una persona hasta que el espacio personal y privado ha sido invadido, y él o ella están dispuestos a ser forjados en el yunque de la comunidad. El apóstol Juan dijo: "Pero si vivimos en la luz, así como él está en la luz, tenemos comunión unos con otros, y la sangre de su Hijo Jesucristo nos limpia de todo pecado" (1 Juan 1:7). Comunidad o koinonía (la palabra griega para confraternidad) se refiere a nuestra relación con Dios y nuestra relación los unos con los otros.

Koinonia es la confraternidad que tenemos con la Trinidad que debe ser practicada con otros creyentes. Una relación personal *exclusiva* con Dios es algo extraño para el cristianismo del Nuevo Testamento. Y aunque pueda ser algo extraño para el Nuevo Testamento, es bastante común en muchas iglesias. El autor y pastor, Tod Bolsinger, escuchó este mensaje individualista mientras crecía. Él escribe:

Lo que la mayoría de nosotros escuchamos en ese tipo de mensajes es que podemos tener una relación personal y privada con Cristo. Recuerdo al líder de la juventud haciéndonos una invitación y diciendo: "No hay nada a qué unirse, usted no tiene que ser un miembro de la iglesia. Se trata sólo de tener una relación con Jesús". Y yo quería eso. No a la iglesia, pero sí a Jesús. Poco tiempo después de que comprometiera mi vida para seguir a Cristo, me compré una camiseta que decía "JC y yo". Era una manera no tan sutil de compartir mi fe, y describía mi recién descubierta creencia de manera perfecta. Esta no era la religión de mis padres, no se trataba de una tradición o de un ritual, se trataba de "JC y yo"—un sentimiento que siempre suena bien hasta que empiezas a leer la Biblia. [27]

Observa la última parte de las palabras de Bolsinger, "un sentimiento que siempre suena bien hasta que empiezas a leer la Biblia". Lo que podría sonar bien en una cultura individualista está muy alejado de la visión bíblica de comunidad. Con demasiada frecuencia hemos actuado como si no necesitáramos la iglesia.

Incluso hay un movimiento hoy en día que dice: "Ama a Jesús; odia a la iglesia". Creo que entiendo la motivación del movimiento por recuperar a las personas que han sido decepcionadas por una iglesia carnal. Sin embargo, su lema me repugna cada vez que lo escucho, porque tenemos que amar a la iglesia a pesar de sus deficiencias. Dios escogió a la iglesia para hacer discípulos. La preciosa novia de Cristo es el instrumento de Dios para ayudar a los creyentes a crecer en su santificación. Somos salvos por Jesús, pero luego somos moldeados a través de la comunidad en su iglesia para convertirnos en discípulos de Cristo

La reunión más grande que la mayoría de nosotros hemos llegado a experimentar el domingo por la mañana no facilita la comunidad como sí lo hace un pequeño grupo de tres a quince personas. Si bien ambas son necesarias, el poder de los grupos pequeños es reforzar y fortalecer la comunidad y ayudar a cada persona a desarrollar relaciones. La célula proporciona una estructura de rendición de cuentas más pequeña que permite que se desarrollen relaciones más profundas.

LLEGAR A SER COMO DIOS

Cada persona de la Trinidad vive en perfecta armonía con los otros dos. Dios no es un llanero solitario, sino que se relaciona en medio de un grupo. Y puesto que el plan de Dios es hacernos semejantes a él (Romanos 8:29), su objetivo es moldearnos y transformarnos a través de los demás. Rodney Clapp escribe: "Estamos hechos a imagen de un Dios trinitario y comunal. Dependemos de los demás para nacer, sobrevivir, para ser enterrados y recordados. Vivimos y tenemos nuestro ser en la comunidad, no obstante cuan diminuta esta pueda llegar a ser".[28] Puede que sea ajena a las culturas individualistas, pero Dios y la Trinidad, desean moldearnos y formarnos para que seamos conforme con su naturaleza trinitaria.

Cuando Jesús estaba en la tierra él estaba constantemente diciéndoles a sus discípulos acerca de la unidad que tenía con el Padre y el Espíritu. También les pidió que demostraran ese mismo amor y unidad para que el mundo creyera. Le dijo a su Padre: "No ruego sólo por éstos. Ruego también por los que han de creer en mí por el mensaje de ellos, para que todos sean uno. Padre, así como tú estás en mí y yo en ti, permite que ellos también estén en nosotros, para que el mundo crea que tú me has enviado". (Juan 17:20-21).

El plan de Dios para la Iglesia es claro en la oración de Cristo. Él desea que la Iglesia viva en unidad y que camine en amor, para que otros puedan confiar en él y creer al mensaje. Richard Meyers, investigador sobre la comunidad cristiana, escribe: "Dios no sólo se goza en la comunidad, modela la comunidad y construye la comunidad, sino que también Dios comanda la comunidad".[29] Dios modela la comunidad que quiere que nosotros sigamos. Al ir entendiendo quién es él, y el amor que viene de la Trinidad, le permitiremos que nos haga discípulos relacionales.

Los grupos pequeños ayudan en el proceso de discipulado viniendo a ser como la Trinidad, ayudando a los miembros a quitarse la máscara y a entrar en la vida del otro, permitiendo al mismo tiempo que el amor gobierne. Si una iglesia sólo se reúne en la reunión más grande, es más fácil que las personas permanezcan superficiales y que vivan en el anonimato.

Es difícil permanecer aislado en un ambiente de grupo celular. Ayer por la noche en mi propio grupo de vida para hombres, no tuvimos una experiencia perfecta. De hecho, fue complicado. Algunos hablaban demasiado. Otros hablaron muy poco. Pero la belleza del grupo fue la interacción que experimentamos como miembros del cuerpo de Cristo. Compartimos la vida juntos. Tenía una carga en mi corazón y necesitaba consejería, así que se los mencioné al resto del grupo. Me fui con una nueva perspectiva sobre la situación. Ellos continúan haciéndome rendirles cuenta. Crecí como un discípulo y continuaré madurando mientras camino con estos hermanos. Estoy sorprendido de lo mucho que crezco en el ambiente de la célula a través del intercambio honesto y abierto.

¿Ha notado cuántas veces la Biblia nos dice que debemos estar involucrados en la vida de los demás? De hecho, la frase unos a los otros aparece cien veces en el Nuevo Testamento y cincuenta y ocho de esas veces tienen que ver con relaciones entre creyentes y cómo cultivar esas relaciones. Algunas de las más populares son:

- "Este mandamiento nuevo les doy: que se amen los unos a los otros. Así como yo los he amado, también ustedes deben amarse los unos a los otros. De este modo todos sabrán que son mis discípulos, si se aman los unos a los otros". (Juan 13:34-35).
- "Así como el Señor los perdonó, perdonen también". (Colosenses 3:13).

- "Por eso, anímense y edifíquense unos a otros, tal como lo vienen haciendo". (1 Tesalonicenses 5:11).
- "Más bien, sean bondadosos y compasivos unos con otros". (Efesios 4:32).
- "Ámense los unos a los otros con amor". (Romanos 12:10).
- "Sométanse unos a otros, por reverencia a...". (Efesios 5:21).
- "Por eso, confiésense unos a otros sus pecados, y oren unos por otros, para que sean sanados. La oración del justo es poderosa y eficaz". (Santiago 5:16).

Hay muchos, muchos más. Los grupos pequeños son el ambiente en el que los primeros creyentes fueron formados y moldeados para practicar todo los que los anteriores versículos hablan. Stephen Macchia, presidente fundador de la Transformación de Liderazgo, escribe: "El discípulo saludable entiende que el tema de 'los unos-a los- otros' no es un asunto opcional para la vida cristiana. Son mandatos de Dios a su pueblo para la construcción de una comunidad. Su anhelo es que vivamos en tal vibrante comunidad cristiana que no podamos dejar de brillar en yuxtaposición a la forma en que otros viven en este mundo". [30]

Comenzar a trabajar con grupos pequeños no garantiza que se cree una comunidad; sin embargo, proporcionar un entorno propicio para que se desarrollen las relaciones espirituales y para que los discípulos practiquen bendecirse los unos-a los-otros según la Escritura y en el proceso crecer para ser como la Trinidad. Larry Crabb, prolífico autor y psicólogo, escribe:

Fuimos diseñados por nuestro Dios Trino (quien es un grupo de tres personas, que tienen una profunda relación entre sí) para vivir en relación. Sin esta relación morimos.

Es así de simple. Sin una comunidad donde conocemos, exploramos, descubrimos, y nos tocamos el uno al otro, experimentaríamos el aislamiento y la desesperación que nos impulsaría en direcciones equivocadas, que corromperían nuestros esfuerzos por vivir de manera significativa y amando correctamente. [31]

La mayoría de nosotros en el mundo occidental tenemos dificultades con el tema de la comunidad. La buena noticia es que la Trinidad es la que nos está moldeando para ser más como él mientras nos relacionamos con los demás. Él está trabajando a través de cada miembro de su iglesia para darle cumplimiento a la Escritura cuando habla de los unos-a los- otros. Casi puedo escucharlo dando voces en el fondo, "¡Buen trabajo, Jim, estás trabajando en ese conflicto con Jake. No claudiques" o "No dejes de asistir al grupo, Tina, Linda necesita escuchar tu historia".

Está claro por las Escrituras que Jesús nos pide que seamos parte de un grupo y que este es el medio que utiliza para que podamos crecer y desarrollarnos como sus discípulos. Necesitamos de la interacción con los otros para crecer como creyentes. Necesitamos los conflictos interpersonales que nos refinan y nos hacen más semejantes a Jesús. ¿Cómo vamos a responder ante el conflicto interpersonal? ¿Vamos a enojarnos? ¿Dejar el grupo? ¿O trabajar en el problema y llegar a ser más como Jesús?

MOLDEADO EN EL FUEGO

Los discípulos fueron formados y moldeados en la comunidad a medida que aprendían juntos, reían juntos, y experimentaban conflictos juntos. Jesús sabía que sus seguidores tenían que profundizar lo suficiente como para quitarse sus máscaras y ser conocidos por los demás. Uno de ellos incluso mostró su verdadera cara de engaño y finalmente lo traicionó. David Watson escribe: "En la comunión abierta y frecuente con otros cristianos, podemos estar seguros de que estamos siendo sinceros al seguir a Jesús, y que no sólo estamos jugando juegos religiosos, sin importar qué tan acertada nuestra teología pueda ser. El cristianismo tiene que ver con las relaciones: con Dios y con los demás". [32]

Cristo reunió a doce discípulos y anduvo con ellos por tres años para demostrarles y enseñarles sobre el amor y la comunidad. Sus vidas fueron moldeadas y formadas juntas, y esta fiera formación de carácter se convirtió en el principal componente de su formación. En realidad, Jesús tuvo un gran reto para unir a un grupo tan diverso. Él reunió a los discípulos que eran temperamentales y que fácilmente se ofendían. A menudo se veían como competidores. No fue fácil para ellos lavar los pies del otro (Juan 13:14).

Alguien dijo una vez: "Es fácil averiguar si amas a alguien. Sólo ten un conflicto con esa persona, y a ver qué pasa". Para amar de verdad, tendrás que superar tus rencores y pedirle a Dios su ayuda para practicar las características del amor mencionadas en 1 Corintios 13:4-7

El amor es paciente, es bondadoso. El amor no es envidioso ni jactancioso ni orgulloso. No se comporta con rudeza, no es egoísta, no se enoja fácilmente, no guarda rencor. El amor no se deleita en la maldad sino que se regocija con la verdad. Todo lo disculpa, todo lo cree, todo lo espera, todo lo soporta.

Esas características sobresalen cuando las cosas se ponen difíciles. Durante mis seminarios a menudo recibo preguntas como, ¿qué pasa si tengo a alguien en mi grupo con quien no nos llevamos bien? ¿Qué debo hacer? o ¿Qué pasa si hay personas problemáticas en el grupo? Mi respuesta normalmente es algo así: "Por supuesto que tendrás gente problemática en tu grupo. Los conflictos en el grupo son algo normal. De hecho, el conflicto nos hará más como Jesús. Mientras le pedimos que nos dé amor y practicamos su perdón, nos convertimos verdaderamente en sus discípulos".

En otra ocasión contesté una pregunta sobre la mejor manera de organizar grupos celulares para evitar el conflicto. Entendí la pregunta y me di cuenta que la intención era preguntar si estaba bien escoger el grupo "favorito" o "preferido". Aunque no creo que debamos estar obligados a asistir a un grupo en particular, animé al que me preguntaba recordar que "No se trata de mi grupo favorito", o de "pasar el rato con gente que me cae bien". Le recordé que nos volvemos más como Jesús mientras le pedimos a Dios la fuerza para amarnos los unos a los otros y caminar a través del fuego con los demás.

Muchas iglesias celulares organizan sus grupos geográficamente, mientras que otros los ordenan en base a la homogeneidad. No hay una forma de hacerlo. Sin embargo, sí sabemos que cuando los miembros van de un grupo a otro para evitar el conflicto, no permiten que la Trinidad los haga conforme a su imagen.

Tenemos que permitir que los conflictos normales nos moldeen y nos den forma. Debemos abrazar esta idea. Dios nos está moldeando para ser como él, y parte de ese crisol es amar a las personas que son diferentes a nosotros. La meta es llegar a ser como Jesús, y lo hacemos a medida que trabajamos a través del conflicto, en vez de huir de él. El discipulado exige que pasemos por el fuego mientras pedimos a la Trinidad que nos moldee y nos forme para ser como Él.

El conflicto revela los valores ocultos del grupo, y las suposiciones que deben ser examinadas. Cuando las personas en el grupo saben que pueden expresar sus sentimientos, tanto positivos como negativos, su experiencia de grupo será genuina. Nuevos niveles de comprensión fluirán mientras el grupo suaviza sus diferencias. Alguien dijo: "El grupo que lucha juntos, permanece juntos".

¿Cuál es la mejor manera de lidiar con la gente que se encuentra en conflicto? En primer lugar, reconocer el problema. Esconderlo sólo aumentará la duda entre los miembros. Todo el mundo sabe que está allí, ¿por qué ocultarlo? Usted podría decirle a un miembro que está enojado, "tengo la sensación de que estás molesto. Tenemos que hacer frente a esta diferencia de opinión". El conflicto no se puede resolver hasta que sea reconocido y llevado a la luz.

En segundo lugar, hay que orar. Usted no resolverá el conflicto sin la oración convenida. Usted necesita orar por sabiduría y discernimiento.

En tercer lugar, habla en privado con la persona con la que te encuentras en conflicto. Yo sugiero que pidas permiso para iniciar la conversación acerca de un conflicto particular. Tú podrías decir: "¿Puedo compartir algo contigo?" Luego procede a compartir con la persona lo que está en tu corazón. También le puedes decir: "Cuando utilizaste sarcasmo para humillarme delante del grupo me sentí dolido y ofendido". A medida que resuelves tus problemas con los de tu grupo, crecerás para ser más como Jesús, porque Jesús mismo dijo que debíamos hablar directamente a nuestro hermano cuando se presentara un conflicto.

Si el problema es entre tú y otra persona en el grupo, lo mejor es confrontar a la persona de forma individual, utilizando el propio modelo del Señor: "Si tu hermano peca contra ti, ve a solas con él y hazle ver su falta. Si te hace caso, has ganado a tu hermano" (Mateo 18:15). Si el problema es con el propio grupo, habla con el grupo. Recuerda que los conflictos no resueltos son un riesgo. Pocas cosas socavan a un grupo rápidamente, pero no como cuando varios miembros crecen en frustración los unos con los otros.

Dietrich Bonhoeffer es un gran ejemplo de alguien que no huía del conflicto. Por el contrario, corría hacia él. Él optó por regresar a Alemania en medio de la Segunda Guerra Mundial, sabiendo muy bien el peligro que afrontaba. Pudo haberse quedado en Estados Unidos, pero eligió, más bien, sufrir con sus hermanos alemanes. Bonhoeffer se dio cuenta que la verdadera respuesta espiritual a la sofocante dictadura nazi era la comunidad cristiana, donde reinaban la individualidad y el servicio voluntario. Incluso en medio de la impía obediencia a Hitler, un remanente de creyentes cristianos se unió para experimentar la comunidad Trinitaria. Bonhoeffer escribe de esta experiencia en *Life Together: A Discussion of Christian Fellowship (La Vida Juntos: Una discusión sobre la Confraternidad Cristiana),*

. . . el cristiano necesita a otro cristiano. . . . Él lo necesita una y otra vez cuando se desanima, porque por sí mismo no puede ayudarse sin contradecir la verdad. Necesita a su hermano, como el portador y proclamador de la palabra divina de salvación. Necesita a su hermano por el mero hecho de Jesucristo. El Cristo que está en su propio corazón es más débil que el Cristo en la palabra de su hermano, su propio corazón es incierto, el corazón de su hermano está firme. [33]

Nos necesitamos los unos a los otros para ser más como Jesús a medida que crecemos a través del fuego de los conflictos, en lugar de huir de él. La mayoría de las personas huyen de los conflictos, pensando que será más fácil en otro lugar. La verdad, sin embargo, es que la hierba es rara vez más verde al otro lado. Los problemas siempre encuentran la manera de germinar en otras formas y situaciones.

NO HAY LUGAR COMO EL HOGAR

Cuando una persona siente el calor del amor de familia y la seguridad, la sanidad fluye más libremente. Pienso en Tim, un nuevo creyente que cruzó por las puertas de la iglesia directamente desde la cárcel. Su esposa ya había estado asistiendo con sus hijos, y esperábamos con anticipación el día en que Tim aparecería. Ese día vino aproximadamente un año más tarde. Tim fue abusado de niño y nunca se sintió querido o deseado por sus padres. Fue rechazado en todas partes y anduvo de casa en casa y de padre en padre.

Tim comenzó a ir a un grupo de células y su transformación tardó un largo, largo tiempo. Recuerdo los días justo después de su salida de la cárcel cuando sus palabras y comportamiento eran de hecho muy ásperos. Sin embargo, hemos visto a Tim ser transformado ante nuestros ojos. A pesar de que había estado en iglesias anteriormente, nunca había experimentado el amor de una familia de hermanos— y hermanas que estuvieran dispuestos a hablar directa y abiertamente con él. Tim ha testificado en varias ocasiones en la reunión más grande que nunca conoció una verdadera familia, hasta su experiencia en un grupo celular. La comunidad tiene el poder de cambiar vidas.

"La familia de Dios" y "la casa de Dios" ambas expresiones se utilizan en el Nuevo Testamento para describir la iglesia de Cristo. Estas dos expresiones son las principales imágenes de la iglesia del Nuevo Testamento. Al escribir a Timoteo, Pablo se refiere a la iglesia como la "casa de Dios" (1 Timoteo 3:15). Él utilizó el mismo lenguaje cuando escribió a los cristianos de

Éfeso (Efesios 2:19). En Gálatas 6:10, Pablo cambió el lenguaje ligeramente y se refirió a la iglesia como la "familia de la fe". Las familias se preocupan unas por las otras. Trabajaban juntas. Se cuidan mutuamente. Se podría decir que, "se cuidan las espaldas". Caminan la milla extra, ya que son parte de una comunidad que durará para siempre. Gilbert Bilezikian lo dice muy bien de esta manera:

> La metáfora bíblica de la "familia" describe más adecuadamente como debe ser la iglesia —un grupo de personas, lo suficientemente pocas en número para sentarse en círculo, uno frente al otro y compartiendo la alegría y los beneficios de la unión. Cada iglesia que aspira a funcionar como comunidad debe crear una estructura de grupo pequeño a disposición de sus representados. [34]

Dios escogió a las iglesias en las casas para reforzar la imagen de la familia en las Escrituras. El evangelio primero comenzó a transformar a aquellos en el hogar y luego continuó fluyendo a través de las líneas de la familia extensiva.

El concepto de familia encaja sistemáticamente con el mandato de Cristo de hacer discípulos. El ambiente familiar no es un fin en sí mismo. Más bien, una familia sana nutre, protege, aconseja, ama, dice la verdad, y luego envía a los hijos e hijas a formar nuevas familias. Los padres que no preparan a sus hijos para el futuro no quieren lo mejor para sus hijos, no están formando "miembros de familia sanos".

Gerhard Lohfink, reconocido estudioso del Nuevo Testamento, escribe: "Jesús, efectivamente, demandó de sus discípulos que dejarán todo, pero no los llamó a la soledad y aislamiento. Ese no es el punto del discipulado. Él los llamó a una nueva familia de hermanos y hermanas, que es en sí una señal del Reino venidero". [35] Me gusta la forma como Lohfink combina el discipulado con la familia de Dios. En la realidad, la imagen de la iglesia como familia de Dios y como el llamado de Cristo a hacer discípulos tiene la misma intención en mente.

Mi esposa y yo deseamos que nuestras tres niñas se conviertan en adultas responsables y finalmente establezcan sus propias familias. Por supuesto, siempre las amaremos y serán bienvenidas en nuestra casa. Como familia, tienen los mismos derechos que nosotros tenemos. Cuando eran niñas pequeñas, nos ocupamos de ellas por completo. Sin embargo, no queríamos hacerlas dependientes de nosotros. Siempre hemos querido que sigan adelante y que lleguen a ser adultas responsables e interdependientes que dirijan sus propias vidas y destinos.

David Jaramillo, pastor y psicólogo, conecta el discipulado con la familia de una manera atractiva:

> Cuando pienso en el discipulado, me viene a la mente la relación padre-hijo. De hecho, la palabra "disciplina" viene de la palabra "discípulo", que significa "alumno". Es decir, se necesita disciplina para hacer de nuestros hijos discípulos. Este es un proceso continuo que comienza a una edad temprana y que posteriormente cambia a medida que los niños crecen y maduran. En este sentido, nosotros (los padres) somos los maestros y los hacedores de discípulos, principalmente a través de nuestro ejemplo, en lugar de nuestras palabras.
>
> Cuando se hace referencia al discipulado cristiano, se tiene que pensar en términos de relaciones, en lugar de un mero proceso de preparación. La relación de discipulado se transmite mejor a través del proceso de compartir la vida, que incluye las emociones, valores y experiencias. Para que esto suceda, tenemos que crear un ambiente familiar.
>
> ¿Cómo hacemos esto? La psicología familiar nos dice que todo padre debe nutrir y disciplinar. Un buen padre

debe nutrir espiritualmente y emocionalmente a los niños. Y este alimento debe administrarse con palabras de cariño, admiración, seguridad, declarando vida, esperanza y bendición. Los niños deben saber que sus padres son accesibles y que están conscientes de sus necesidades espirituales y emocionales. Una buena crianza también incluye mucho tiempo de "juego". Me refiero a compartir en un ambiente informal en el que es posible conocer y ser conocido. Ir al parque, hacer un picnic, ver una película son grandes ejemplos de este "divertido" ambiente informal. Estas son las maneras de fortalecer las relaciones y crecer en la vida cotidiana.

Por último, una buena crianza debe incluir corregir, y cuestionar las actitudes de modo que el carácter de Cristo salga a relucir y brille. Esto sólo es posible si los padres han ganado primero los corazones de sus hijos. La única corrección que hace un impacto duradero también debe ser acompañada por el amor (1Corintios 8:1).

Una vez escuché que hay que educar a los hijos como discípulos porque de esa manera crecerán y superarán a su maestro. La realidad es que los niños crecen, se van de casa, pero siempre serán afectados por las relaciones con sus padres. ¿Qué tipo de relación tienes con tus discípulos? [36]

La iglesia como familia cumple el plan de Dios para hacer discípulos y enviarlos a un mundo perdido y herido. Los discípulos como individuos deben funcionar como una comunidad, la familia de Dios.[37]

DECIR LA VERDAD EN LA COMUNIDAD

Pablo tenía a la comunidad cristiana en mente cuando escribió a la iglesia en la casa, en Éfeso, "Más bien, al vivir la verdad con amor, creceremos hasta ser en todo como aquel que es la cabeza, es decir, Cristo. Por su acción todo el cuerpo crece y se edifica en amor, sostenido y ajustado por todos los ligamentos, según la actividad propia de cada miembro". (Efesios 4:15-16) La sanidad sobrenatural tiene lugar cuando los sanadores heridos (aquellos que han recibido el consuelo de Dios) hablan la verdad de Dios a los demás miembros del grupo de una manera humilde y sensible. La gente primero tiene que entrar en calor en el grupo pequeño antes de que ocurra la transformación. Los líderes sabios animan a los miembros del grupo a compartir honestamente y a orar los unos por los otros para experimentar la restauración y la sanidad.

Cuando Ted llegó al grupo celular, todo parecía normal. Sin embargo, su necesidad de una transformación emergió después de la lección sobre el perdón de 1Pedro 4:8. Él compartió su profundo resentimiento hacia un pastor, quien él creía le había violado a su hija. Ted se había aferrado a su amargura hacia este pastor, quien lo había dejado sin gozo y esclavizado. Esa noche la palabra de Dios llegó profundamente a su alma, y Ted se dio cuenta que tenía que ser liberado de su amargura, tanto por su propio bien como para agradar a Jesucristo. Durante el tiempo de oración, Ted confesó su amargura, y los miembros del grupo oraron por él para que experimentara una transformación interior. Los miembros del grupo hablaron a la vida de Ted, compartiendo sobre sus propias batallas con la falta de perdón y la sanidad sobrenatural de Dios. Dios comenzó el proceso de liberación de amargura y resentimiento de Ted esa misma noche, y él salió de la reunión lleno de gozo y paz.

La iglesia es un hospital. Todo el mundo ha sido herido alguna vez. Nadie escapa al dolor de este mundo, y nadie experimentará una sanidad completa hasta la próxima vida. Lo mejor que podemos hacer es cumplir con nuestro rol como sanadores heridos, ofreciendo a otros el mismo alivio que otros ya han recibido.

Es por esto que exhorto a los líderes a no comenzar demasiado rápido con el estudio bíblico. Les animo a pasar suficiente tiempo con las peticiones de oración, las necesidades particulares que surjan durante la semana, haciendo preguntas para romper el hielo, o propiciando oportunidades para que la gente comparta a profundidad, oren por ellas, y permitan que otros sanadores heridos den palabras de aliento. Nos convertimos en discípulos al compartir en el viaje de la vida y al permitir que otros hablen la verdad en amor. Larry Crabb afirma esta verdad diciendo:

> La gente común y corriente tiene el poder de cambiar la vida de otras personas. . . el poder yace en esa conexión, en esa profunda reunión cuando la parte más verdadera del alma de uno se junta con los escondrijos más vacíos que hay en el otro y encuentra algo allí, cuando la vida pasa de uno a otro. Cuando eso sucede, el dador queda más completo de lo que estaba antes y el receptor menos aterrorizado, finalmente ansioso por experimentar una conexión mutua aún más profunda.[38]

Ministrar a personas comunes y corrientes heridas a través del ministerio de grupos pequeños fue la fuerza impulsora detrás del movimiento metodista del siglo XVIII que transformó a Inglaterra. John Wesley, el fundador del movimiento metodista, comprendió la necesidad que tenían los miembros de un grupo de rendirse cuentas a través de un compartir transparente. Era lo esperado de cada miembro del grupo pequeño que "hablara libremente y con franqueza sobre todos los temas desde sus propias tentaciones hasta los planes para el establecimiento de una nueva reunión en una casa o visitar a los afligidos". [39]

Muchos creen que los pequeños grupos metodistas fueron fundamentales para salvar la Inglaterra del siglo XVIII de la anarquía y el desastre (la embriaguez y la anarquía estaban en su máxima expresión en la historia de Inglaterra, inmediatamente antes del avivamiento metodista). Los grupos metodistas no eran sólo para estudios de la Biblia, aunque Wesley animaba a todos los que le rodeaban a estudiar la Biblia y la doctrina. El énfasis estaba en practicar todo lo que las escrituras mencionaban sobre el tema de los unos-a los- otros y el fomento de la santidad y la espiritualidad a través de la comunidad cristiana. Wesley escribió: "¿Usted desea servir a Dios e ir al cielo? Recuerde que no se le puede servir solo. Por lo tanto, debe encontrar compañeros, o hacerlos: la Biblia no dice nada sobre la religión solitaria". [40]

Nosotros, en la Iglesia del siglo XXI necesitamos aplicar las lecciones de la comunidad y el discipulado que fueron la piedra angular para el avivamiento Metodista en el siglo XVIII. Wesley se dio cuenta de que la transformación de la gente ocurrió en pequeños grupos que daban vida. Después de todo, Wesley no originó la estrategia de discipulado del grupo pequeño. Jesús lo hizo.

Capítulo Cuatro

EL DISCIPULADO A TRAVÉS DEL SACERDOCIO DE TODOS LOS CREYENTES

Hace poco hablé con un grupo de líderes de una denominación más antigua sobre el ministerio celular. Varios expresaron incredulidad cuando hablé sobre capacitar a los miembros en los grupos de los hogares. La división potencial que esto podría causar les consternó. Su punto de vista de la iglesia estaba estrechamente vinculado con sus edificios.

Durante uno de los recesos, un pastor se me acercó para preguntarme sobre el ministerio celular y para que le recomendara un libro que le pudiera ayudar a comenzar a trabajar con nuevos grupos. Le pregunté qué estaba planeando hacer, y él me dijo que planeaba iniciar cuatro grupos en los hogares, de cuatro diferentes miembros. Me quedé impresionado con su idea, pero mi actitud cambió rápidamente a medida que me daba más detalles.

Dijo que cada uno de estos cuatro grupos sólo se reuniría una vez cada tres meses y que él, el pastor, ¡dirigiría a cada grupo! En la conversación quedó claro que no confiaba en los miembros de la iglesia para trabajar con los grupos. Estaba convencido que él, el ministro, era el único que podía dirigir a estos grupos, ¡incluso si sólo se reunían cuatro veces al año!

Algunos pastores, como el mencionado anteriormente, creen que ellos son los responsables de hacer la obra del ministerio, en lugar de preparar a los miembros para esto. Ellos no están dispuestos a ceder su autoridad a otros, a pesar de que Efesios 4:11-12 es muy claro al decir que la función principal del pastor/ maestro es preparar a los miembros para la obra del ministerio.

En muchas ocasiones he escuchado a pastores hablar de los peligros de permitir a líderes, (miembros) que no reciben remuneración, hacer la obra del ministerio a través de los grupos celulares. Tristemente, la atención se centra siempre en las consecuencias desastrosas, y no en el potencial para el crecimiento del discipulado. Podemos aprender mucho de Jesús y los apóstoles que confiaron en el Espíritu Santo para guiar y dirigir al nuevo liderazgo.[41] Bill Hull, pastor y autor prolífico en el tema del discipulado, escribe: "El sacerdocio del creyente implica que los cristianos tienen la autoridad y la responsabilidad de ministrar a Cristo como el sacerdocio tradicionalmente lo hizo. Si tu unes el sacerdocio del creyente con el llamado que tiene el creyente para el ministerio, tienes las razones suficientes para enseñar que todo cristiano está llamado al servicio cristiano".[42] Dios dijo a través de Moisés: "Deja ir a mi pueblo". Así como fue cierto en aquella época, es igualmente cierto hoy en día. Dios quiere que su pueblo sea libertado. Él quiere que ellos aprendan a ser discípulos mientras ministran a otros.

TODOS SON MINISTROS

El sacerdocio de todos los creyentes se remonta a los tiempos bíblicos. Juan el apóstol escribió: "Al que nos ama y que por su sangre nos ha librado de nuestros pecados, al que ha hecho de nosotros un reino, sacerdotes al servicio de Dios su Padre, ¡a él sea la gloria y el poder por los siglos de los siglos! Amén". (Apocalipsis 1:5-6)

El cristianismo primitivo veía a cada miembro de la iglesia en la casa como ministro. El ministerio fluyó de forma natural a través de los dones del Espíritu en el ambiente del hogar, y el desarrollo del liderazgo era sencillo y dinámico. El liderazgo se basaba en los dones dados por Dios, en lugar de una rígida jerarquía litúrgica. El sacerdocio de todos los creyentes era la norma en la iglesia primitiva, y por esta razón la iglesia primitiva se extendió rápidamente. Gilbert Bilezikian escribe:

En unas pocas décadas, el movimiento de la iglesia primitiva se extendió como pólvora a través del mundo antiguo. Uno de los secretos de esta rápida expansión fue la participación total de los miembros en los ministerios de las iglesias locales... El libro de los Hechos y la mayoría de las cartas del Nuevo Testamento están impregnados con la euforia y la vitalidad de las iglesias en las que todo el mundo estaba involucrado en la vida del Cuerpo y el Ministerio. En circunstancias normales, por lo tanto, el apóstol Pablo estaba más interesado en animar a los cristianos a ministrarse los unos a los otros, y juntos, que en establecer órdenes jerárquicas para que se gobernaran.[43]

A medida que la Iglesia avanzó más allá del primer siglo, la creciente autoridad del obispo concentraba cada vez más poder en las manos de figuras de autoridad centralizadas encargadas de grupos cada vez mayores de creyentes.[44]   La pluralidad y la igualdad de liderazgo dieron paso a un arreglo jerárquico en el que los obispos se convertirían en la figura central, seguidos de los presbíteros (quienes más tarde se convirtieron en sacerdotes) y diáconos.

Al pasar los años, la Iglesia se hizo más y más jerárquica. La gente no podía ir directamente a Dios, sino que sólo a través de los sacerdotes se accedía a Dios. Sólo ciertas personas tenían acceso a la Biblia. Lutero causó una grieta dentro de la estructurada Iglesia Católica mediante el establecimiento de la predicación de la palabra como el punto central en la vida de la iglesia.

Lutero expuso los abusos de la Iglesia mediante la enseñanza de la Biblia y posteriormente traduciéndola al alemán, para que cada creyente pudiera juzgar por sí mismo lo correcto y lo incorrecto. Una de las doctrinas fundamentales que Lutero recobró fue la del *sacerdocio del creyente*, que afirmaba que cada creyente podía leer la Biblia, entender el significado llano de las Escrituras, tener acceso igualitario a Dios, y servir y ministrar a todo el cuerpo de Cristo. *El sacerdocio del creyente* enseñaba que todos los cristianos eran sacerdotes, lo cual estaba en completa oposición a la idea de una aristocracia espiritual o jerarquía dentro del cristianismo.

Lutero ayudó a liberar a la iglesia doctrinalmente, pero hizo poco en el campo de la eclesiología (estudio de las prácticas de la iglesia). Él, junto con Zwinglio y otros reformadores, no pudieron animar a otros a practicar el sacerdocio de todos los creyentes. Ellos necesitaban la protección del gobierno y la estabilidad de todo el estado para abrazar sus reformas, y su éxito dependía de que todos en el estado se convirtieran automáticamente en protestantes. En otras palabras, había muy pocas opciones sobre la participación de la iglesia ya que toda la nación tenía que unirse a la iglesia. *El sacerdocio de todos los creyentes* tenía poca aplicación práctica en la iglesia estatal.

Algunos querían llevar *el sacerdocio de todos los creyentes* a su conclusión lógica. Ellos fueron llamados los "hermanos radicales" y creían que sólo los creyentes verdaderamente nacidos de nuevo debían reunirse para adorar y recibir el bautismo de adultos. Estos creyentes radicales sentían que cada adulto creyente era un verdadero ministro, que debían tener el derecho de formar grupos pequeños, y ejercitar los dones espirituales dentro del grupo pequeño. Resumiendo la situación, Nigel Wright dice lo siguiente:

Es importante hacer hincapié en que el problema real entre Zwinglio y los hermanos radicales no era el bautismo, sino la naturaleza de la iglesia. Zwinglio estaba queriendo reformar la iglesia, pero (así como Lutero ya lo había admitido y como Calvino estaba por hacerlo) aceptó sin cuestionar el concepto del Estado sacral que había heredado y que había prevalecido desde el Edicto de Milán en el año 311, cuando el cristianismo fue oficialmente tolerado, para convertirse con el tiempo en la religión oficial del Imperio. [45]

Reformadores como Lutero, Zwinglio y Calvino hicieron una enorme ruptura con la tradición de la iglesia y con la doctrina, pero los hermanos radicales llevaron las nuevas reformas más lejos. Ellos querían hacer verdaderos discípulos a través de la iglesia de un creyente, en lugar de actuar como que si todos los nacidos en una zona geográfica determinada formaban parte de la iglesia de Cristo, lo cual se determinaría más tarde por medio de la predestinación.

La reforma radical se acerca más al cristianismo del Nuevo Testamento, porque prioriza el sacerdocio de cada creyente. Sea cual sea la tradición confesional de una persona, ¡todos tenemos que ser reformadores radicales! La reforma radical enseña sobre la necesidad de practicar las doctrinas bíblicas de una manera que enfatiza en que cada persona es un ministro y cada creyente un discípulo de Jesucristo activo, al igual que lo era la Iglesia primitiva.

Las iglesias en las casas del siglo primero esperaban que cada creyente ministrara en el entorno de la iglesia en la casa. La iglesia celular hoy en día, al igual que la iglesia primitiva, es un llamado a la reforma radical. Es un regresar al cristianismo del Nuevo Testamento para abrazar la exhortación del apóstol en el último libro de la Biblia: "Al que nos ama y que por su sangre nos ha librado de nuestros pecados, al que ha hecho de nosotros un reino, sacerdotes al servicio de Dios su Padre, ¡a él sea la gloria y el poder por los siglos de los siglos! Amén". (Apocalipsis 1:5-6).

PARTICIPACIÓN ACTIVA

Un principio importante del sacerdocio de todos los creyentes es la participación. En otras palabras, todos los miembros de la Iglesia de Cristo deben estar involucrados en el uso de sus dones y talentos.

El ministerio celular está en contra de la idea de que el pastor principal o ministro haga casi todo el trabajo, mientras la congregación se sienta sólo a escuchar —y tal vez a participar en algunos programas. El énfasis en ser sólo espectador en muchas iglesias socava el discipulado, porque sólo unos pocos participan, mientras que la mayoría simplemente asiste.

La situación se parece mucho a los fans inactivos en un partido de fútbol que están animando a los jugadores sudorosos en el campo. Los jugadores están haciendo todo el trabajo, mientras que los aficionados simplemente observan y aplauden. Elton Trueblood una vez dijo:

Todos sufrimos de una terrible enfermedad en nuestras iglesias. Se llama Spectatoritis. Hablamos de la congregación como si fuera el público. No somos el público, somos los actores. . . Si creemos sinceramente en el Evangelio, tenemos que creer que Dios tiene una vocación para cada uno de nosotros. El secreto está en la participación, participación, participación.[46]

La participación está en el núcleo de la célula. Nadie se sienta en el asiento de atrás. Las sillas no están dispuestas en filas. Mientras las personas comparten sus historias, piden oración, y ministran a otros, son transformados en el proceso. Se convierten en los ministros y crecen como discípulos de Cristo. Los mejores líderes de células, de hecho, son facilitadores. La palabra *facilitar* significa hacer las cosas fáciles, y los mejores facilitadores hacen que les sea fácil a otros participar. Ellos desenvuelven los dones y talentos de los que están en el grupo. Los mejores facilitadores, de hecho, sólo hablan el treinta por ciento del tiempo y animan a los del grupo a hablar el restante setenta por ciento. Hablar, por supuesto, es sólo un aspecto de la vida celular. La participación significa algo mucho más amplio e implica la participación activa en cada parte del grupo celular.

A menudo les cuento a los de mis seminarios que el secreto mejor guardado de los pastores es que el pastor crece más que los de la congregación. ¿Por qué? Porque el pastor madura mientras depende de Dios para predicar, aconsejar, visitar a los enfermos, prepararse para un funeral, o casar a una pareja. El discipulado, en otras palabras, se lleva a cabo cuando el pastor depende de Dios para cada aspecto del ministerio pastoral. Si los pastores pudieran comprender que el crecimiento llega a través de la participación, hicieran mucho más para que la gente participara activamente en el ministerio, y creo que el patrón del Nuevo Testamento del ministerio de casa en casa es la mejor opción.

Esta es una razón principal por la que Jesús escogió la atmósfera de grupos pequeños para impartir conocimiento a sus propios discípulos. Cristo quería que la información fuera diseminada en la vida de sus discípulos, por lo que mientras caminó con ellos todos los días durante tres años, no sólo les enseñó, sino que les pidió que interactuaran y pusieran en práctica sus enseñanzas. A veces Jesús les permitiría cometer errores con el fin de enseñarles lecciones importantes y ofrecerles la aplicación práctica de sus enseñanzas. Jesús, por ejemplo, le permitió a Pedro caminar con él sobre las aguas. Jesús sabía que iba a hundirse en el proceso, pero que también aprendería valiosas lecciones (Mateo 14:29). Los discípulos trataron de echar fuera un demonio y no pudieron, pero después Jesús les dio instrucciones importantes acerca de qué hacer la próxima vez (Marcos 9:18). Los discípulos estaban convencidos de que Cristo establecería su reino allí mismo en esa época, pero Jesús les enseñó acerca de su guía invisible, el Espíritu Santo (Hechos 1:7-8). El método del discipulado de Cristo fue una constante interacción entre escuchar, hacer, fallar, aprender, y luego enseñar nuevas lecciones. Cristo no sólo practicaba esta metodología con sus discípulos, sino que esos mismos discípulos formaron iglesias en las casas que seguían el proceso de participación del grupo.

Las células efectivas y los líderes de células hacen discípulos de la misma manera en que Jesús los hizo. Animan a todos a participar, sabiendo que el discipulado ocurre cuando todo el mundo está practicando el sacerdocio de todos los creyentes. La célula es lo suficientemente pequeña para movilizar a cada persona. La participación en un grupo de más de quince puede causar miedo y resistencia. Pero cuando el grupo es pequeño e íntimo, las personas todavía pueden sentir cara-a-cara la participación de cada persona.

CAMINANDO SOBRE LAS AGUAS

Roland Allen (1868-1947), un ministro anglicano y misionero en China, se dio cuenta que la obra de Dios a menudo se veía obstaculizada por no confiar en que el Espíritu Santo puede trabajar a través de la gente común. Comenzó a estudiar la vida del apóstol Pablo y se dio cuenta de que Pablo desarrollaba a los miembros con rapidez y eficacia porque él confiaba en la obra del Espíritu Santo en sus convertidos. Allen escribe: "Pablo tenía tanta fe en que Cristo y el Espíritu Santo moraban en la iglesia que no retrocedía ante los riesgos. Incluso cuando los gálatas cayeron presa del legalismo del judaizante, no vemos que Pablo tratara de cambiar su método de plantación de iglesias". [47] Pablo, en otras palabras, entendía su potencial de equivocarse, pero también sabía que la inactividad no era la respuesta. Pablo sabía que al iniciar las iglesias en las casas donde las personas experimentarían el ministerio cara a cara y luego confiar en el Espíritu Santo a través de cada persona era esencial para hacer discípulos que hicieran discípulos.

Si no somos capaces de permitir que el Espíritu Santo estimule a las personas, les hacemos un perjuicio. En realidad, estamos siendo un obstáculo para que la persona sea todo lo que Dios quiere que él o ella sea. Permitirle a las personas participar activamente en la obra de Dios es arriesgado, y sí, no siempre seremos capaces de controlar lo que ocurre. Pero esta es la esencia misma de la confianza que debemos tener de que el Espíritu Santo obre profundamente dentro de la gente, aunque sea complicado. Roland Allen escribe: "Cuando hablo de la expansión espontánea me refiero a algo que no podemos controlar. Y si no podemos controlarlo, debemos, creo yo, regocijarnos de que no podemos controlarlo. Porque si no podemos controlarlo, es porque es demasiado grande, no porque es demasiado pequeño para nosotros. Las grandes cosas de Dios van más allá de nuestro control". [48]

El apóstol Juan recordó a cada miembro de la iglesia en la casa sobre la unción del Espíritu Santo. Él dijo: "En cuanto a ustedes, la unción que de él recibieron permanece en ustedes, y no necesitan que nadie les enseñe. Esa unción es auténtica —no es falsa— y les enseña todas las cosas. Permanezcan en él, tal y como él les enseñó". (1 Juan 2:27). Muchas iglesias dudan en comenzar a trabajar con células porque tienen miedo que los miembros puedan socavar la iglesia o alejar a los discípulos del ministerio. Pero el peligro de estancamiento conlleva riesgos mucho más graves. El riesgo de no liberar a los miembros es la inactividad, la falta de crecimiento, y una iglesia atrofiada. Es lo contrario de hacer discípulos que hacen discípulos. Tomase riesgos es normal y es la forma en que las personas maduran y crecen. Escuchen a Henry Cloud y a John Townsend cuando escriben sobre tomar riesgos en su best-seller, *Límites:*

> El pecado que Dios reprende no estriba en tratar y fallar, sino en fallar en no tratar. Tratar, fallar, y tratar nuevamente, a esto se le llama aprendizaje. Fallar en no tratar no traerá ningún buen resultado, e intentar de nuevo se llama aprendizaje. A falta de probar no tendrá buen resultado; el mal triunfará. Dios expresa su opinión acerca de la pasividad en Hebreos 10:38-39: "Pero mi justo vivirá por la fe. Y si se vuelve atrás, no será de mi agrado". ... Volver atrás es intolerable para Dios, y cuando entendemos cuan destructivo es para el alma, podemos ver por qué Dios no lo tolera. [49]

Los miembros de la célula y los líderes crecen hasta llegar a ser como Jesús, al salir y ejercitar su fe. Sin hacer eso, la persona no va a crecer a su máximo potencial. Probar y fallar es la manera de aprender y crecer, y madurar. El temor a equivocarse ha hecho que muchas iglesias asfixien el trabajo de los miembros a través de un sinfín de requisitos y niveles de organización. Las iglesias y agencias misioneras han hecho esto durante años.

¿Qué significa esto en la práctica? Significa la movilización de cada miembro de la célula a participar—sin forzar a la gente en contra de su voluntad. Uno de los miembros puede llevar el tiempo de oración, otro dirigir la adoración, otro guiar las dinámicas rompe hielo, mientras que otra persona puede llevar el tiempo de acercamiento. Las mejores células tienen equipos de liderazgo que no dependen siempre de un líder para facilitar la lección. Yo estaba en una iglesia celular que veía a los líderes de célula como supervisores de los que dirigían el tiempo de la lección. En otras palabras, el líder de la célula estaba siempre presente en la célula, pero diferentes miembros se rotaban para dar la lección. El líder de la célula ofrecía retroalimentación y estímulo. Los grupos de células en esta iglesia en particular también rotaban a los anfitriones, para que todo el mundo tuviera la oportunidad de abrir su casa para el grupo. Podía sentir la salud, porque sentí que se estaban formando discípulos a medida que cada persona participaba.

Algunas iglesias celulares también animan a sus líderes a realizar las tareas pastorales en las reuniones más grandes. Los líderes celulares pueden bautizar a los nuevos convertidos, por ejemplo.[50] Otras iglesias les piden a los líderes servir la Santa Cena o rotarse en la predicación del domingo. Los miembros de la célula podrían ayudar sirviendo como ujieres, en los tiempos de acercamiento, o eventos misioneros. La participación hace que surjan discípulos. Sentarse en una silla y escuchar la doctrina es importante, pero no moldea discípulos activos como Jesús lo demanda.

CUMPLIENDO TU ROL

Pablo escribe sobre el cuerpo de Cristo a las iglesias en las casas que se reunían en Corinto (1 Corintios 14.12), Roma (Romanos

12) y Éfeso (Efesios 4). Los que leían sus cartas estaban en relación los unos con los otros y ministraban juntos. Pablo deja claro que cada persona en el cuerpo de Cristo tenía un papel importante que desempeñar. Note lo que él les dijo a las iglesias en las casas de Corinto:

> Ahora bien, el cuerpo no consta de un solo miembro sino de muchos. Si el pie dijera: "Como no soy mano, no soy del cuerpo", no por eso dejaría de ser parte del cuerpo. Y si la oreja dijera: "Como no soy ojo, no soy del cuerpo", no por eso dejaría de ser parte del cuerpo. Si todo el cuerpo fuera ojo, ¿qué sería del oído? Si todo el cuerpo fuera oído, ¿qué sería del olfato? En realidad, Dios colocó cada miembro del cuerpo como mejor le pareció. Si todos ellos fueran un solo miembro, ¿qué sería del cuerpo? Lo cierto es que hay muchos miembros, pero el cuerpo es uno solo… Si uno de los miembros sufre, los demás comparten su sufrimiento; y si uno de ellos recibe honor, los demás se alegran con él. Ahora bien, ustedes son el cuerpo de Cristo, y cada uno es miembro de ese cuerpo. (1 Corintios 12:12-28).

En el grupo celular, cada persona juega un papel esencial. De hecho, los que aparentemente tienen un papel más visible no son más importantes; les da honor especial a las partes que no se ven. El cuerpo se necesita entre sí para ser sano y completo. El objetivo es que todos puedan participar, descubran sus dones, y ministren a otros. La enseñanza de que la iglesia es el cuerpo de Cristo sirve para recordarle a la iglesia que cada creyente es valioso e importante y debe ejercer sus dones. [51]

Dios nos pone a cada uno de nosotros en su sobrenatural cuerpo orgánico, de acuerdo con los dones del Espíritu Santo (1 Corintios 12-14). En los tres de los principales pasajes en los que Pablo habla del cuerpo de Cristo, define la parte de cada miembro en el cuerpo por sus correspondientes dones (Efesios 4; Romanos 12; 1 Corintios 12-14). De hecho, cuando Pablo habla de la iglesia como el cuerpo de Cristo, la implicación es que los creyentes estaban participando activamente. Ellos tenían la oportunidad de interactuar entre sí, mientras se reunían en iglesias en las casas. Crecieron juntos como discípulos mientras ejercían sus dones espirituales y se ministraban los unos a los otros.

Uso del Don en la Iglesia Primitiva

El ministerio en las primeras iglesias en las casas era fluido y dinámico. Se animaba a los miembros a experimentar sus dones espirituales para el bien común del cuerpo, y los líderes funcionaban como hombres y mujeres llenos de dones (Romanos 12:6-8; 1 Corintios 12:8-10, 27-28). La dependencia en el Espíritu de Dios a través de los dones del Espíritu moldeó la dirección de la iglesia primitiva. Los dones espirituales mencionados en 1 Corintios 12-14; Romanos 12:3-8; Efesios 4:7-12 y 1 Pedro 4:8-11, fueron escritos para los que participaban en las iglesias en las casas. Todos participaban en la edificación del cuerpo de Cristo.[52]

Pablo esperaba que el liderazgo de la iglesia se desarrollara de acuerdo a los dones espirituales, y que en última instancia, el Espíritu Santo estableciera a cada miembro en el cuerpo de acuerdo a su voluntad y propósito (1 Corintios 12:11). La iglesia primitiva creía que el Espíritu había sido dado a todos los creyentes y que estaba trabajando activamente a través de cada miembro (Romanos 12:11; 1 Corintios 2:4; 12:7; 12-13; Gálatas 3:5; 5:18, 22; 1 Tesalonicenses 5:19-21).[53]

Dios llenó de dones a ciertos individuos para dirigir a su iglesia como podemos ver en Efesios 4:7-12. Muchos han llamado a esto el Ministerio Quíntuple o los cinco ministerios, aunque es probable que sea más preciso llamarlo los cuatro ministerios ya que el rol de pastor-maestro se considera a menudo uno solo. Los líderes con dones incluían a los:

- Apóstoles: Los doce (Lucas 6:13-16), además Matías (Hechos 1:24-26), Pablo (Gálatas 1:1), Bernabé (Hechos 14:14), Andrónico y Junia (Romanos 16:7)
- Profetas: La compañía de Jerusalén (Hechos 11:27-28), Agabo (Hechos 21:10-11), Judas y Silas (Hechos 15:32), y las hijas de Felipe (Hechos 21:9)
- Evangelistas: Las hijas de Felipe (Felipe 21:9)
- Pastor-Maestros (1Timoteo 3:1-3; 5:17; Tito 1:5, 7, 9)

Los líderes con sus dones mencionados en Efesios estaban equipados específicamente para preparar al cuerpo de Cristo para servir con mayor eficacia. En otras palabras, Dios equipó a estos hombres y mujeres para movilizar a la iglesia para el servicio.[54]

El punto principal de Pablo en el libro de Efesios era equipar a los santos para el ministerio. El propósito específico de los hombres y mujeres llenos de dones es equipar a la iglesia para el crecimiento y la expansión. El enfoque no está en la persona que tiene el don, sino en su ministerio para equipar al cuerpo de Cristo, para que el cuerpo de Cristo sea edificado y sea puesto en acción para el servicio. Cualquiera sea el don que Dios distribuya a una persona en particular, su rol principal es el de equipar al pueblo de Dios para que sean mejores discípulos de Jesucristo a través del ministerio participativo.

Pablo también menciona una veintena de dones (no sólo cuatro o cinco) y quiere que sus lectores sepan que cada miembro de la iglesia en la casa debía ministrar según sus dones (1 Corintios 12-14; Romanos 1; Efesios 4:11-12; 1 Pedro 4:8-11). Y reconocido formalmente o no, cada miembro tenía un papel importante que desempeñar en el cuerpo de Cristo (1 Corintios

12:12-26). Los dones del Espíritu son para edificar al cuerpo de Cristo en unidad y madurez.

Uso del Don en el Grupo Celular

Hoy, más que nunca, tenemos que volver al grupo pequeño como el lugar principal dónde ejercitar los dones del Espíritu. Es el ambiente más natural para que todos puedan participar y crecer como discípulos. También es el lugar más espontáneo y bíblico para el descubrimiento de nuestros dones espirituales, lo cual dará realce al ministerio y al sacerdocio de todos los creyentes. En la atmósfera de amor de un grupo de hogar, especialmente donde los dones están trabajando y donde el Espíritu Santo está operando, la gente va a crecer en el ministerio y va a aprender a servir a los demás.

Los líderes celulares efectivos animan a todos en la célula para que usen sus dones, para que el cuerpo pueda ser edificado y para que los que no son cristianos puedan ser ganados para Cristo. El punto de partida es recordar a los miembros que cada uno tiene al menos un don. 1 Pedro 4:10 nos dice que "… cada uno ponga al servicio de los demás el don que haya recibido, administrando fielmente la gracia de Dios en sus diversas…". A medida que los miembros del grupo vayan descubriendo y ejerciendo sus dones espirituales, van a crecer en su fe y van a ser más como Jesús.

Por ejemplo, si alguien tiene el don de la profecía hay una puerta abierta para usarlo. La persona no tiene que profetizar con una voz aguda de "profecía". Más bien, la persona puede hablar a los presentes con mucha naturalidad. Kirk regularmente profetiza en el grupo celular, y también anima a otras personas a hacerlo. Kirk siempre empieza sus profecías diciendo: "Creo que el Espíritu Santo me está diciendo…" Luego le pide a cada miembro que juzgue por sí mismo si sus palabras son conforme a las Escrituras. Kirk se da cuenta de que los seres humanos pueden cometer errores— y que él no es la excepción. Kirk también se da cuenta de que toda la profecía debe tener como objetivo la edificación del cuerpo (1 Corintios 14:3). La persona con el don de la enseñanza puede ayudar a aclarar un pasaje difícil. El que tiene el don de la enseñanza no tiene que encargarse de toda la enseñanza. Más bien, él o ella pueden dar su perspectiva sobre un pasaje ayudando a hacer que la Biblia sea clara y concisa. Esta persona también podrá ayudar a otros a aplicar las enseñanzas de las Escrituras a su propia vida.

Leo tenía el don de la enseñanza, pero nunca había tenido la oportunidad de usarlo, hasta que se involucró en un grupo celular. Luego el don cobró vida. Él fue capaz de aclarar un pasaje de la Escritura y hacerlo comprensible y aplicable. Él había sido un miembro de una iglesia denominacional durante casi toda su vida adulta, pero había asistido sobre todo a la iglesia y había recibido visitas ocasionales del pastor. Pero a medida que Leo interactuaba cara a cara en un grupo celular, su don de enseñanza se hizo evidente. Con el tiempo, Leo se convirtió en el ayudante del líder del grupo.

Matt tiene el don de pastor, pero permaneció adormecido durante años. El acto de ir a la iglesia y participar en programas simplemente no le interesaba, y él lo evitó. Pero en el grupo celular, él tuvo la oportunidad de compartir, ministrar, y usar sus dones. Él creció espiritualmente a medida que ministraba a otros, y pronto se hizo evidente que él era el pastor del grupo y se sentía responsable de reunir a la gente, estar en contacto con ellos, poner en acción el acercamiento y desarrollar a otros en el grupo. Matt puso su don en acción y el cuerpo de Cristo fue edificado. Matt también creció en su propio caminar con Jesús.

La persona con el don de misericordia puede visitar a un miembro de la célula que está enfermo en el hospital y luego motivar a otros a visitar a esa persona. El creyente con el don de evangelismo podría sentirse obligado a invitar a amigos y familiares u organizar un evento celular para alcanzar a otros.

La persona con el don de exhortación encontrará a alguien que necesita consejería. Esta persona podrá brindar consejería a personas que están dolidas después o antes de la reunión celular o durante la semana. Esta persona humildemente ofrecerá consejería, no como profesional, sino como un miembro lleno de dones del cuerpo de Cristo. El don va a crecer, al igual que la persona, a través del tiempo.

La persona con el don del apostolado tendrá una propensión natural por comenzar nuevos grupos, pero esta persona no va a proyectarse por encima de los demás, ni usará el título de apóstol con su nombre, ni repartirá tarjetas de presentación que digan apóstol. Más bien, él o ella servirán al resto del cuerpo de Cristo.

El grupo celular es también el lugar natural para usar y desarrollar los dones. A Debby, por ejemplo, le encanta tocar la guitarra. También dirige la adoración en el grupo celular en la noche del jueves. Ella practica diligentemente la guitarra, imprime las hojas de las alabanzas, y dirige al grupo en adoración. Su don para tocar la guitarra es empoderado por su don de liderazgo y profecía. El pastor se dio cuenta de su fidelidad al tocar la guitarra en el grupo celular y, finalmente, le pidió tocar la guitarra en la banda de adoración el domingo por la mañana.

Los dones espirituales son dados para el bien de la Iglesia. Los grupos pequeños son lugares maravillosos para experimentar con nuestros desconocidos dones espirituales, aún arriesgándonos a fallar, porque sabemos que el grupo pequeño nos perdonará los errores. Si la persona no siente la libertad de fallar, él o ella no va a crecer como discípulo de Cristo.

Algunas personas han tratado de mover el ministerio de los dones fuera del ambiente de un grupo pequeño (por ejemplo, programas), pero creo que es mucho más fructífero promover los dones espirituales a través del ministerio de grupos pequeños. En los grupos pequeños, el animarse y rendirse cuentas unos a otros es más probable que ocurra de manera espontánea. Este ambiente parece ser el lugar natural para hacer discípulos que están ejerciendo sus dones dados por Dios.

Descubriendo el Don a través de las Relaciones

La mejor manera de descubrir los dones espirituales es en el contexto de las relaciones. Los dones espirituales prueban, a la vez que ayudan a los creyentes a pensar en las posibilidades, que el creyente no es autosuficiente. Las encuestas sobre los dones dan una idea de cómo percibir el tema de los dones, pero las personas proyectan en esos cuestionarios los dones que quieren tener, en lugar de afirmar los dones que realmente tienen.[55] Cuantas más personas desarrollan relaciones en el contexto de un grupo, la mejor idea que se tiene con respecto a su propio don espiritual — recordando siempre que los dones funcionan en el contexto de las relaciones. Animo a los creyentes a leer material sobre esto, a tomar una o dos pruebas sobre los dones, a ejercitar los potenciales dones espirituales y luego buscar la confirmación por parte de los demás. ¿Fueron edificadas las personas? ¿Fue glorificado Cristo? Cuando la confianza es alta, los miembros sienten que pueden experimentar con una variedad de dones, y no se sienten frustrados.

En el servicio de adoración más grande, experimentar de forma natural los dones raramente sucede porque un público más grande exige un cierto nivel de rendimiento. Tomar riesgos no es lo que se recomienda en un ambiente así, ni se debe recomendar. El ala más grande de la iglesia es a menudo el lugar menos efectivo para ejercer los dones espirituales porque sólo unos pocos creyentes pueden realmente ejercer sus dones en la atmósfera del grupo grande. ¿Cuántos pueden dirigir la adoración? ¿Cuántos pueden predicar? ¿Cuántos pueden ser ujieres? En la realidad, los ministerios que participan en la celebración de la iglesia son limitados. Sin embargo, en el ambiente seguro del grupo pequeño y con el apoyo del líder del grupo, la experimentación puede suceder, y el Espíritu Santo bendecirá.

Buscar la Confirmación

Una vez que el grupo se sienta cómodo entre sí y con más conocimientos acerca de los dones espirituales, el líder puede animarles a que se confirmen mutuamente sus dones espirituales en el tiempo de los grupos pequeños. ¿Qué te confirman las personas? Si te confirman la capacidad para aclarar el significado de las Escrituras, tú podrías tener el don de enseñar. El don de consejería (exhortación) de mi esposa se ha confirmado una y otra vez en el entorno de los grupos pequeños. Los dones fueron dados para la edificación del cuerpo de Cristo, y cuando tú edificas a alguien con tu don, otros te lo harán saber.

Es importante recordar que a menudo un determinado don puede surgir en presencia de una necesidad específica: una persona con dificultades emocionales, una persona poseída por el demonio, un no cristiano con preguntas serias. En presencia de tales necesidades, el Espíritu Santo te puede dotar de un don que no sabías que tenías (y tal vez, no lo tenías hasta ese momento). Aunque yo creo que cada creyente tiene por lo menos uno o más dones permanentes, el Espíritu Santo puede dar dones especiales en la presencia de necesidades particulares.

El descubrimiento de los dones se lleva a cabo en el proceso de servirse los unos a los otros, cuando nos cuidamos los unos a los otros y cuando se vive la vida del cuerpo. Cuando te encuentras con que Dios bendice constantemente tus esfuerzos en un área determinada, puedes concluir con confianza que tienes ese don específico.

Algunas iglesias magnifican sólo uno o dos dones, con exclusión de los demás. Algunos han llamado a esto, proceso de *colonización de dones*. Si el pastor es un evangelista dotado con campañas regulares, puede haber una fuerte tendencia a organizar toda la iglesia en torno al evangelismo. Los otros dones del Espíritu Santo pueden ser menos propensos a ser manifestados en la iglesia, porque la gente de ideas afines se quedará o se marchará, dependiendo de si les gusta o no el pastor.

Los grandes facilitadores de grupo, por otro lado, permiten una mayor diversidad. El líder tiene que estar abierto para permitirle a la gente experimentar con los dones que son diferentes de su propia mezcla de dones— siempre y cuando el uso de ese don edifique al resto del grupo. Mientras el líder del grupo les dé a los miembros más libertad para ejercer sus dones, los miembros experimentarán una nueva responsabilidad y en consecuencia se sentirán más comprometidos con la iglesia.

Revisar el Nivel Deseado

Uno de los principales secretos de descubrir los dones espirituales está en tratar de determinar tu "nivel de deseo" para operar con un determinado don. El ejercicio de un don no debe ser una tarea— debe ser algo que se disfrute. Usted debe experimentar un alto grado de pasión cuando ejercite sus dones espirituales. Me gusta preguntar a los que tratan de identificar sus dones espirituales:

¿Te gusta explicar las verdades bíblicas? Tal vez tienes el don de enseñar. ¿Disfrutas orar por las personas en el grupo? y cuando lo haces, ¿ves que son sanados? Tal vez tienes el don de sanidad. ¿Amas traer refrescos y organizar eventos de grupo? Tal vez tienes el don de la ayuda o de la administración. ¿Te atrae visitar a miembros de la célula que están teniendo problemas? Tal vez tienes el don de misericordia.

La alegría, emoción y satisfacción deben acompañar al ejercicio de los dones espirituales. Greg Ogden escribe en *The New Reformation (La Nueva Reforma)*: "La idea central para descubrir nuestros dones espirituales es ponerse en contacto con las esferas de servicio que producen un flujo de alegría interior, de entusiasmo y energía".[56] Cuando se siente una carga al ejercer un don espiritual, tal vez sea porque el tal don no existe—la persona simplemente estaba tratando de cumplir en la carne lo que sólo el Espíritu Santo puede hacer a través de su *carisma*.

TE NECESITAN

Candice Millard, autora de *The River of Doubt: Theodore Roosevelt's Darkest Journey (El río de la duda: La travesía más oscura de Theodore Roosevelt)*, hábilmente arma el rompecabezas de la verdadera historia del viaje de Roosevelt por el río de la Duda, un inexplorado río de mil quinientos kilómetros en la profundidad de la selva amazónica. Roosevelt y su equipo unieron sus fuerzas con el famoso explorador de Brasil, Cándido Rondón. Antes de que todo terminara, los exploradores se enfrentaron con los mortíferos rápidos, ataques de los indios, enfermedades, hambre y con un asesino dentro de sus propias filas. Escribiendo a un amigo más tarde, Roosevelt confesó: "La selva brasileña robó 10 años de mi vida". De hecho, él nunca recuperó plenamente su vigor y estuvo preocupado por la recurrente malaria hasta su muerte en 1919. Sin embargo, el hecho de que el equipo trazó un afluente del Amazonas desconocido y vivió para contarlo fue tan increíble que muchos naturalistas de esa época no creían que en realidad hubiera sucedido.

Al leer el libro, fui conmovido por la unidad que el equipo desarrolló con el fin de sobrevivir. Cada miembro del equipo tenía que cumplir su rol mientras luchaban contra viento y marea. Debido a la disminución de los alimentos y la mala planificación inicial, el equipo tuvo que deshacerse de lujos innecesarios e incluso separarse de los miembros del equipo que no estaban cumpliendo con sus funciones. En un momento cuando Roosevelt resultó gravemente herido, le rogó al equipo que lo dejaran morir en la selva porque no quería ser una carga para el resto del grupo. De hecho, la única manera en que sobrevivieron fue mediante el trabajo conjunto y de cada uno jalando su propio peso. Mientras lo hacían, sobrevivieron para contar sobre su increíble travesía en el Río de la Duda.

La iglesia está en una travesía en un ambiente hostil, uno que es diametralmente opuesto a su naturaleza orgánica como la de Cristo. Cada miembro del cuerpo de Cristo tiene que participar activamente para que la Iglesia supere al mundo, la carne y al diablo. Cada persona debe utilizar activamente su don y ministrar en su capacidad dada por Dios. Durante demasiado tiempo, la iglesia ha dependido de una o dos partes del cuerpo para hacer el trabajo del ministerio. Ahora Cristo llama a su iglesia para que activamente haga discípulos que estén haciendo nuevos discípulos a través del ministerio celular. Este es el camino a la eficacia y al crecimiento espiritual.

Capítulo Cinco

EL DISCIPULADO A TRAVÉS DEL EVANGELISMO DE GRUPO

Aquí, en el sur de California tenemos parques de atracciones como Disneyland, Knott's Berry Farm, y Magic Mountain. He vivido en esta zona la mayor parte de mi vida, y en algún momento de los últimos cincuenta y siete años, he experimentado montarme en muchas atracciones emocionantes en cada uno de estos parques— incluyendo algunas de las montañas rusas más emocionantes en el mundo.

La travesía de los discípulos con Jesús me recuerda a una montaña rusa de tres años. En el proceso crecieron para ser más como Jesús, pero sin duda no fue fácil. Los discípulos pasaron de un oficio de pesca a seguir a un hacedor de milagros, que abría los ojos de ciegos, multiplicaba panes, y levantaba a los muertos de la tumba. Oyeron la mejor enseñanza del mejor maestro— el Dios-hombre perfecto. Y ellos fueron enseñados en un entorno didáctico insuperable que incluyó escuchar, hacer, y la aplicación a las experiencias de la vida real. Una enseñanza que se les escapó, sin embargo, fue la muerte y resurrección de Cristo.

Cuando Jesús murió en la cruz, se sintió como si la montaña rusa había volado fuera de los carriles. Es difícil imaginar cómo deben haber sentido de horrible los discípulos al ver a Jesús sufrir y morir en la cruz. Todos lo abandonaron y huyeron.

Pero aún no se habían bajado de la montaña rusa. En tres días, Jesús se levantó de nuevo. Él se les apareció y su alegría era inmensa. Podían ver con sus propios ojos que Jesús estaba vivo e incluso la brutal cruz romana no lo pudo mantener derribado. Cristo ya había soplado el Espíritu Santo sobre ellos, y sus extrañas parábolas comenzaron a tener sentido.

Ahora era su turno para hacer cosas radicales y para poner el mundo al revés. Jesús les dijo que fueran a todo el mundo e hicieran nuevos discípulos. Ellos ya sabían qué estrategia utilizar porque el Maestro ya los había preparado para que fueran a los hogares, llegaran a conocer al cabeza de familia, velaran por la oportunidad de compartir a otros de Jesús, y luego mantenerse en la misma casa hasta que se alcanzara a toda la ciudad.

Ellos estaban listos para trabajar, pero estaban muy temerosos. Luego vino Pentecostés. Ellos fueron empoderados. El Espíritu Santo dominaba sus vidas y predicaban audazmente. Ellos establecieron iglesias en las casas, tal como Jesús les había enseñado.

Proclamaron las buenas nuevas y a través de sus propias vidas transformadas dejaron que el mundo supiera que Jesús vivía. Cuando fueron perseguidos, bendijeron y oraron por sus enemigos. Le permitieron al Espíritu Santo que se ocupara del resto. Sin embargo, toda la experiencia fue ordenada por Dios para que crecieran y para hacerlos más semejantes a Jesús.

Y la iglesia primitiva crecía y se multiplicaba. Mientras Jesús transformaba a la gente, estas se comportaban de manera diferente dentro de sus relaciones familiares. Los maridos amaban a sus mujeres, los esclavos eran tratados con dignidad, y las parejas casadas se sometían los unos a los otros. Los amigos y vecinos eran atraídos por esta nueva comunidad transformada. El movimiento cristiano atrajo a la gente debido a la conducta que los cristianos se mostraban los unos a los otros y hacia los que estaban fuera de la iglesia. La gente podía ver los cambios de cerca puesto que la vida comunitaria se vivía a la luz pública.

El crecimiento de esas iglesias en las casas era orgánico y natural. La expansión Evangelística fue construida en el estilo de vida de la iglesia, y en este mismo escenario orgánico, los miembros de la iglesia se convirtieron en discípulos. Podemos aprender mucho del movimiento de la iglesia en la casa primitiva—sobre todo la forma de crear un entorno para el discipulado, donde la evangelización ocurre de manera natural.

REGALANDO COMUNIDAD

Pablo, el apóstol resume el crecimiento a través de la evangelización al escribir a una iglesia en la casa en el siglo I, "Pido a Dios que el compañerismo que brota de tu fe sea eficaz para la causa de Cristo mediante el reconocimiento de todo lo bueno que compartimos." (Filemón 1:6) Así como esta iglesia en la casa de Colosas compartió su fe, crecieron en su relación con Jesucristo y se convirtieron en fuertes discípulos como resultado.

Muchos en el mundo occidental han aprendido a compartir su fe de forma individual, pero no hemos tenido tanto éxito en la práctica de la evangelización de grupo. Sin embargo, la evangelización de grupo se encuentra en el corazón de la evangelización del Nuevo Testamento.

Una de las primeras barreras qué superar es la suposición subyacente de que el evangelismo para alcanzar a otros debilita la comunidad. Normalmente a los miembros del grupo les encanta la comunidad y han probado su poder transformador. Pero, ellos simplemente no creen que la comunidad y la evangelización vayan de la mano. La investigación y la experiencia, sin embargo, muestran que una mejor y más bíblica comunidad se desarrolla cuando una célula alcanza a los no cristianos. El proceso de la evangelización, de hecho, fortalece los lazos de la comunidad. Cuando una nueva persona llega al grupo, los miembros desarrollan lazos más estrechos mientras ministran al recién llegado.

Cuando el grupo se centra únicamente en la comunión, le falta un aspecto importante del crecimiento espiritual y está fallando al no llevar a los miembros del grupo al siguiente nivel de discipulado. El proceso mismo del evangelismo celular trae el crecimiento espiritual, no sólo cuando alguien llega al grupo o recibe a Jesús. Yo animo a los grupos celulares, por lo tanto, a orar por los no cristianos cada semana y a planear maneras de ayudarlos, aunque esos esfuerzos evangelísticos no traigan mucho fruto.

Cuando un grupo pequeño tiene un objetivo común de evangelización, comienza a trabajar en conjunto para lograr la meta de ayuda. Esta visión mutua crea una unidad y camaradería. Todo el mundo se involucra, —desde la persona que invita, la que proporciona un refrigerio, hasta el que dirige el estudio. El equipo planea, hace las estrategias, y juntos encuentran nuevos contactos.

El clamor de los perdidos impulsa a las células a compartir su rica comunidad en lugar de acumularla entre ellos. Cuando la multiplicación tiene lugar, hay nuevos grupos disponibles para que la gente perdida reciba una comunidad como la de Cristo. La amistad y el amor se desarrollan en el proceso. La desquebrajada sociedad de hoy necesita desesperadamente una familia amorosa. ¿Cómo la encontrarán las personas, a menos que haya pequeños grupos que vivan en comunidad y que estén dispuestos a difundirla?

SALIENDO AL FRENTE COMO AMIGOS

Dios es el que convierte, pero él espera que nosotros hagamos nuestra parte. Nunca voy a olvidar un seminario celular que hice en Irlanda en 2007 con Laurence Singlehurst, autor best-seller en el tema de evangelismo e iglesia celular, y pionero en el Reino Unido. Le pidió a la gente de la audiencia acercarse y luego les pidió que formaran un pequeño grupo delante de todos. Él se hizo pasar por el líder del grupo y les preguntó a cada uno por quién estaban orando, y qué estaban haciendo para ayudar (¡esto fue en frente de cerca de ochocientas personas!). No recuerdo las respuestas, pero todos en la audiencia estaban escuchando atentamente, y Singlehurst había tenido éxito demostrando cómo movilizar a un grupo celular para salir de sí mismo y ayudar.

Kim y Kim Cole son un magnífico ejemplo de la oración por los perdidos, alcanzando a sus vecinos no cristianos, y movilizando a su célula para ministrar a otros. Kim Cole, la esposa, me dijo que el énfasis de la iglesia en la evangelización amistosa no sólo transformó sus propias vidas, sino también la de los miembros del grupo celular.

Kim nació y se crió en York, Pensilvania y aceptó a Jesús en la Iglesia Alianza York cuando tenía catorce años. Ella experimentó una gran enseñanza, amistades y recuerdos durante sus años en la iglesia. Sin embargo, ella también se dio cuenta que durante esos años, la Iglesia Alianza York se concentraba principalmente en los programas basados en la iglesia. Cuando la iglesia Alianza York comenzó a enfocarse en el ministerio celular en 2001, ella y su marido, Kim, reconocieron que Dios les estaba retando a alcanzar su propio vecindario para Jesús.

Ella, junto con los demás miembros de la célula, comenzó a desarrollar relaciones con los amigos cercanos y vecinos. Ella comprendió que tenía que abrir su propia vida a los que la rodeaban. Ella me dijo: "Es muy aterrador vivir la vida a la luz pública. Yo no estaba acostumbrada a ser sincera con mis vecinos". En una ocasión hizo helados caseros en el patio delantero, e invitó a los vecinos a unírsele. Los vecinos comenzaron a conocer a los Cole mientras interactuaban con cosas divertidas. Kim me dijo que los de su vecindario eran de ascendencia Inglesa e irlandesa y se sentían orgullosos de sus hogares. Ella descubrió que la mejor manera de entrar en su mundo era pidiendo ayuda.

Así que dio un salto de fe y le pidió a su vecina Crystal que vivía dos puertas más abajo, si podía prestarle una olla. Kim y Crystal comenzaron hablando en la puerta y desarrollaron una relación. Crystal y su esposo Todd, ya iban a una iglesia, pero la iglesia no predicaba el evangelio, y Cristal y Todd no eran creyentes. A medida que la relación se profundizó, Kim finalmente los invitó a su grupo de vida. Cristal y Todd comenzaron a asistir al grupo de vida y también al servicio de adoración los domingos en la iglesia Alianza York. Kim me dijo que casi los pierde cuando llegaron a la iglesia y ellos leyeron en el boletín, "Invite a su amigo que no es salvo para el próximo evento". Crystal se volvió hacia Kim y le dijo: "¿Es esto lo que piensas de mí". Kim se disculpó diciendo: "Realmente te amamos y sólo quería que vinieras".

Crystal sabía que Kim tenía algo que ella necesitaba, así que continuó regresando al grupo de vida, deseando experimentar algo más. Crystal hizo las preguntas difíciles, y Kim creció en el proceso de depender de Dios para dar las respuestas. Kim me dijo: "Yo crecí tanto como Crystal durante ese período de tiempo". Crystal y Todd finalmente recibieron a Jesús, se involucraron en el grupo celular, y se abrieron paso a través del equipamiento para el discipulado (discutido en el capítulo 8). Con el tiempo se convirtieron en líderes de grupos de vida y continuaron el proceso de la evangelización amistosa.

El fruto de la ayuda de Kim y la posterior conversión de Cristal y Todd es un testimonio maravilloso. Kim y Kim Cole crecieron y maduraron en su relación con Jesús en el proceso de alcanzar a Cristal y a Todd. Vale la pena repetir las palabras de Pablo a la Iglesia en la casa de Colosas: "Pido a Dios que el compañerismo que brota de tu fe sea eficaz para la causa de Cristo mediante el reconocimiento de todo lo bueno que compartimos". (Filemón versículo 6). Es dudoso que podamos conocer todo lo bueno dentro de nosotros sin regalar esos tesoros a los demás.

Kim y Kim Cole son excepcionales. Han multiplicado su propio grupo unas seis veces y han ganado a muchos vecinos para Jesús. Su ejemplo ha inspirado a toda la iglesia. Pero no podemos depender sólo de una o dos personas como Kim y Kim Cole. Cada miembro de la célula tiene que hacer su parte en el alcance relacional.

El desarrollo de las relaciones con los no cristianos no es fácil. Se extiende a nuestra fe y nos despierta a depender de Dios. Crecemos en el proceso. A menudo, las relaciones con los no cristianos se desarrollan en el contexto de otra cosa. Entrenando softball, yendo a una peluquería en particular, uniéndose a la junta de voluntarios en la asociación de propietarios, o participando en un grupo de interés especial, son algunas de las muchas maneras de construir relaciones. Desarrollando colegas de negocios, socios deportivos, intereses especiales y socios en algún pasatiempo, son otras maneras de ampliar tus amistades.

Las comunidades están ansiosas por tener voluntarios que sirvan en programas de acción social, ya sea en guarderías, consejerías, ayuda a indigentes, o en algún otro programa. En cada comunidad existe una oportunidad para compartir el amor y los valores cristianos de una manera positiva. Tu puedes unirte a una asociación de padres / maestros, vigilancia vecinal, o en uno de los muchos otros comités y organizaciones que conforman la comunidad local.

Hemos estado conociendo a nuestros vecinos desde que regresamos de Ecuador en el 2001. Los hemos invitado a comer a la casa, les hemos preguntado si tienen peticiones de oración, y les hemos llevado productos horneados durante las festividades. Hemos desarrollado una relación con ellos, y crecimos en el proceso de llegar a conocerlos.

Cuando los invitamos a unirse a nuestro grupo en casa, el marido dijo: "No podemos la noche del martes, pero a nuestra hija menor le gustaría que la bautizaras". Le dije: "Yo estaría encantado de hacerlo. Sin embargo, me gustaría traerles algún material de discipulado en la preparación para el bautismo". Y en vivo comencé a enseñar a toda la familia sobre el primer libro de nuestro proceso de equipamiento para el discipulado.

La primera lección trataba sobre conocer a Dios, y cada uno de ellos oró la oración del pecador, como parte de la lección. Luego continuamos estudiando el libro en un entorno relacional y relajado en su propia casa. Tuve el privilegio de bautizar a su hija, sin embargo, el proceso no se ha detenido allí, y la travesía en el discipulado continúa.

Los mejores facilitadores de células, de hecho, les recuerdan a los del grupo que deben desarrollar relaciones con los no cristianos y luego planificar las actividades de alcance celular. Recuerdo hablar en una iglesia de las Asambleas de Dios en Vero Beach en la que los grupos celulares estaban trabajando activamente en ayudar a otros y en animar a sus miembros a desarrollar relaciones con no- cristianos. He oído muchos testimonios del poder que tiene ayudar a través de la célula. Pronto me enteré que el pastor principal no sólo hablaba de la evangelización, sino que regularmente pasaba el rato en el restaurante local con el único propósito de conocer a los no cristianos. Vivía lo que él quería que los demás siguieran y las células en esa iglesia dieron mucho fruto. El evangelismo era una parte natural de su propia vida y su celo se propagó por toda la iglesia.

El evangelismo relacional funciona mejor cuando el grupo está orando. Entré en una casa de un anfitrión y vi una mini-pizarra blanca en la sala. El líder me dijo que el grupo celular había comprado la pizarra con el único propósito de escribir los nombres de los no cristianos y luego orar evangelísticamente por ellos. Noté que varios nombres habían sido tachados de la lista. El líder me explicó que Dios estaba contestando milagrosamente la oración. Los miembros del grupo crecieron en su fe al ver la respuesta de Dios a la oración y eran animados a seguir orando y testificando.

No todos los miembros se emocionan con la idea de ayudar. Algunos aborrecen la idea. Nunca olvidaré la resistencia que enfrenté de parte de un miembro del grupo que dijo: "Vine a este grupo para tener camaradería, no para evangelizar. Quiero conocer a las personas—no invitar a otros nuevos al grupo". Sabía que nuestra comunidad crecería hacia el interior y se estancaría, a menos que como grupo hiciéramos un gran esfuerzo por salir de sí y ayudar a otros. Tomé a la pareja aparte después de la próxima reunión y les dije que nuestro grupo tenía el doble enfoque de la comunidad y la de alcanzar a otros, y que la ayuda brindada a través de las células era esencial en el proceso de hacer discípulos. Afortunadamente aceptaron mi exhortación, se quedaron en el grupo, e incluso llegaron a alcanzar a otros en su propio vecindario.

PESCANDO EN TIEMPOS DEL NUEVO TESTAMENTO

Cuando era adolescente, solía pescar cada año en Ensenada, México. Mi familia acampaba en Estero Beach, y yo encontraba mi lugar favorito sobre una roca cerca de la entrada. Recuerdo que saqué mi carrete con dos ganchos y atrapé dos róbalos de un tamaño decente. Los discípulos, sin embargo, pescaban de manera diferente. Ellos pescaban con redes en lugar de cañas. Marcos dice:

> Mientras Jesús caminaba junto al mar de Galilea, vio a Simón y a su hermano Andrés que echaba la red al lago, pues eran pescadores. "Vengan y síganme", dijo Jesús , "y yo los haré pescadores de hombres". Al momento dejaron sus redes y lo siguieron. Cuando se hubo ido un poco más lejos, vio a Santiago, hijo de Zebedeo, y a su hermano Juan en una barca, remendando las redes (Marcos 1:16-20).

Cuando los discípulos echaron sus redes, lo hicieron como un grupo y dependían los unos de los otros para sacar del agua lo pescado. Cuando Jesús les dijo que él los haría pescadores de hombres, él también estaba pensando en la pesca con redes. Jesús, de hecho, nunca envió a los discípulos a solos—sólo en equipos. Él quería que sus discípulos vivieran el evangelio ante los demás para que los no creyentes pudieran ver sus vidas cambiadas y creyeran en Él. [57]

El evangelismo de grupo quita la presión de una sola persona, y les da a todos la oportunidad de ejercer su fe y de convertirse en discípulos en el proceso. No es la experiencia de una persona que hace el trabajo del ministerio. Más bien se trata de una experiencia compartida. Todos tienen un papel que desempeñar. No es el trabajo del predicador. El éxito no depende del evangelista. De hecho, hay una buena probabilidad de que el visitante se presente por el testimonio silencioso de uno de los más silenciosos del grupo. Los líderes de células sabios entienden esto y empoderan a cada uno en el grupo para hacer su parte.

Cuando todo el grupo patrocina una actividad de alcance (por ejemplo, una película especial, barbacoa, fiesta de té, o algo tan elegante como un partido de paint ball "tirarse pintura") cada persona tiene una labor que realizar. Dale Galloway, pionero del ministerio de la iglesia celular en los EE.UU. escribe: "Una vez que la lista [de invitados] se elabora, el equipo comienza a orar por la lista de prospectos, luego a trabajarla—haciendo las llamadas telefónicas y las visitas a los hogares. Esta responsabilidad puede ser compartida con otros en el grupo pequeño".

Como vimos en el capítulo anterior, la participación personal madura a las personas ya que cada uno se convierte a un sacerdote del Dios vivo. Dios usa la evangelización del grupo grande, como la que se lleva a cabo en las campañas y en los conciertos, pero el peligro está en que pocas personas hagan la mayor parte de la obra, mientras el resto sólo ve y se estanca. En la evangelización del grupo celular, está la responsabilidad compartida, que es fundamental para el crecimiento en el discipulado. Dios desea que cada miembro use sus músculos para alcanzar a otros.

Hablé en una conferencia celular en Sydney, Australia, y el pastor asociado de la iglesia anfitriona, Michael, estaba muy entusiasmado con el evangelismo celular. Él se unió al personal debido a la posibilidad de evangelismo a través del ministerio celular. Anteriormente había formado parte del personal de una gran mega-iglesia en la que cada persona se encargaba de decirles a las demás personas que vinieran al servicio más grande para que el predicador los pudiera salvar. Michael no estaba de acuerdo. Él creía que cada persona era un ministro y que debía de estar alcanzando a otros y evangelizando. Se salió de esa iglesia porque creía que el evangelismo celular no sólo era más eficaz sino también hacía crecer discípulos en el proceso. Las células en la iglesia anfitriona eran robustas y apasionadas por difundir el mensaje del evangelio a través de toda la ciudad. El pastor Michael jugó un papel importante en el lanzamiento de la visión evangelística.

PERTENECIENDO Y LUEGO CREYENDO

Mi apellido "Comiskey" es de ascendencia irlandesa, así que cuando viajamos como familia y visitamos Irlanda en 2007, estábamos deseosos de explorar la zona. La mayor experiencia del viaje para mí fue conocer dónde ministró San Patricio y comprender el impacto que San Patricio tuvo en Irlanda. San Patricio combinó el discipulado con el evangelismo, y su estrategia relacional dio inicio a un movimiento que cambió el mundo.

En el siglo V de nuestra era, cuando San Patricio tenía unos catorce años, fue capturado por los invasores irlandeses y posteriormente llevado como esclavo a Irlanda, donde vivió durante seis años antes de escapar y volver a su familia en Inglaterra. Dios salvó a San Patricio, lo levantó para convertirse en un obispo de la iglesia, y luego lo llamó a volver a Irlanda como misionero. El ministerio de San Patricio fue tan eficaz que no solo convirtió a la mayor parte de Irlanda, sino que Dios usó a la iglesia en Irlanda para enviar misioneros alrededor del mundo.

El modelo de de San Patricio para alcanzar a otros fue altamente relacional, hospitalario, y orientado a la comunidad. San Patricio y sus seguidores modelaron lo que querían que otros siguieran. Vivían la vida en comunidad, pero esto nunca fue un fin en sí mismo. Nunca perdieron de vista dar de su comunidad. San Patricio y sus seguidores se mudaban a una zona pagana, establecían una tienda en equipo, y se convertían en parte de la comunidad. Trataron de hacer que la iglesia fuera accesible. Ellos tomaron en serio el pasaje en el libro de los Salmos que dice: "Gustad, y ved que es bueno Jehová; dichoso el hombre que confía en él". (34:8) Patricio creía que la verdad se captaba primero y luego se enseñaba.

El movimiento celta de San Patricio se basó en la propia estrategia de evangelización de Cristo en Juan 17, donde él les dice a los discípulos que el mundo conocerá y creerá por la unidad que vea en ellos. De hecho, la banda de creyentes de San Patricio habló mucho sobre el amor y la unidad dentro de la Trinidad, y utilizaron el trébol de tres lados para explicar la Trinidad. Las bandas evangelísticas sabían que sus propias vidas debían reflejar el carácter de Dios si querían ganar a los irlandeses que aún no habían sido alcanzados.

San Patricio enseñó que pertenecer viene antes de creer. Invitaron a los que andaban buscando algo a unirse a su comunidad y participar en ella. Los que entraron en el grupo vieron vidas ser transformadas, el amor en acción, y cómo se suponía que los discípulos debían actuar. Los buscadores fueron invitados a ser discípulos de Cristo. Como resultado de esta estrategia, muchos recibieron a Jesús, nuevos grupos se multiplicaron y bandas misioneras se infiltraron en áreas no alcanzadas. El discipulado y alcanzar a otros estaban íntimamente conectados entre sí.

San Patricio inició un movimiento, y lo hizo mediante el desarrollo de relaciones con las personas y comprometiendo su imaginación mediante la utilización de símbolos que ellos entendían. Muchos han hecho comparaciones con el ministerio de San Patricio y nuestra propia situación actual. Al igual que la civilización en los Días de San Patricio, la gente hoy en día está hambrienta de relaciones. Quieren probar a Cristo en medio de ellos, participar en una comunidad, y luego crecer de forma natural en su relación con Cristo.

En realidad, lo que San Patricio logró en sus días fue muy similar a la evangelización en la iglesia primitiva, donde los vecinos podían ver y oír lo que ocurría en las iglesias en las casas. Los incrédulos querían cambiar, se convirtieron en creyentes, y luego crecieron naturalmente como discípulos al participar en una nueva comunidad. Las personas que fueron salvas en esas iglesias en las casas fueron inmediatamente conocidas por el resto de los miembros, se convirtieron en parte de una nueva familia, fueron capaces de ejercer sus dones y talentos, y por último, crecieron hasta convertirse en fuertes discípulos de Jesucristo.

Las iglesias han pasado horas y horas tratando de encontrar la manera de conectar "el dar seguimiento" con el evangelismo. El problema es que el primer paso se ha divorciado del segundo paso. El modelo relacional ofrecido por San Patricio y las iglesias primitivas en las casas trajo a las personas a la comunidad, les permitió ver el cambio, y el discipulado ocurrió de forma natural en el proceso.

Las relaciones de amor son atractivas para el mundo. Jesús, de hecho, nos dijo que nuestro amor el uno por el otro atraería a un mundo incrédulo a él. A medida que la iglesia se ama los unos a los otros, las personas se sentirán atraídas por Jesús, se convierten en discípulos, y luego repetirán el proceso de hacer más discípulos.

COMPARTIR DE MANERA NATURAL EN EL GRUPO

A menudo cuento la historia de Dora, una señora en nuestro grupo celular en Ecuador. Los padres de Dora no eran creyentes. A menudo compartía con el grupo sus dudas acerca de la religión. La gente la escuchaba, la amaba, y la animaba a ir directamente a Dios con sus dudas. Un martes por la noche en diciembre, mostramos la parte de la película "Jesús" en nuestra casa como algo especial de Navidad. Dora estaba con nosotros, junto con otros que se encontraban buscando algo. Dora estaba acostumbrada a decir lo que pensaba en el grupo y se sentía cómoda con todos los presentes. Después de mostrar la presentación, de repente Dora exclamó: "Estoy confundida". Todo el mundo se sorprendió, pero nosotros simplemente amábamos a Dora y nos preocupábamos por ella como parte de nuestra familia.

Una semana más tarde, Dora recibió a Jesús en nuestra casa. Dios usó a mi esposa Celyce para encaminar a Dora a Jesús, pero mi esposa era solo un instrumento. Todo el grupo celular participó en la conversión de Dora y en su seguimiento. Cada miembro del grupo creció como discípulos de Cristo tanto como Dora a través de ser amigos de Dora, dándole testimonio, orando por ella, y luego dándole la bienvenida a la nueva familia de Dios.

Dora maduró con el tiempo, y empezamos a ver sus dudas desvanecer. Con el tiempo, ella estaba evangelizando a otros a través de la oración y conectándolos con la célula. Ella comenzó a asistir a nuestros servicios de celebración más grandes el domingo, y tuve el privilegio de bautizarla delante de cientos de personas. Completó el equipamiento para el discipulado (más en el capítulo 8) y en el grupo celular la vimos crecer y madurar mientras ella desarrollaba una profunda relación con Dios y con los demás. Con el tiempo, ella y su prometido Pablo, comenzaron su propio grupo celular rescatando a otras personas "confundidas" y llevándolas a una nueva familia de fe.

En el ambiente del grupo pequeño, los no cristianos pueden hacer preguntas, compartir sus dudas, y hablar de su propia travesía espiritual. Compartir abiertamente da a los incrédulos un nuevo sentido de esperanza, mientras se dan cuenta de que los cristianos tienen debilidades y luchas también. Más que una explicación, el "evangelio" en el grupo pequeño se ve y se siente. El Espíritu Santo es el que convence.[58] El Dr. Peace, Catedrático de evangelismo por muchos años en el Seminario Fuller, escribió el libro, *Small Group Evangelism (El Evangelismo del Grupo Pequeño)*.

Peace cree que el grupo pequeño es el lugar ideal para evangelizar y para conservar el fruto de la evangelización. Peace escribe:

> … en un grupo pequeño exitoso, el amor, la aceptación y la camaradería fluyen en una medida inusual. Esta es la situación ideal para escuchar acerca del reino de Dios. En este contexto, los "hechos del evangelio" vienen a través de la proposición no tan fría, sino como verdades vivas, visibles en las vidas de los demás. En un ambiente así una persona se siente irresistiblemente atraída por Cristo, por su amable presencia.

Los salvados por medio de este entorno natural continúan creciendo a través de las relaciones que ya han establecido. Se convierten en discípulos en el proceso normal de ser parte de la nueva familia de Dios.

La realidad es que con frecuencia los no cristianos se mantienen alejados de las iglesias, porque tienen la idea errónea de que deben ser lo suficientemente buenos para ser cristianos. Han conocido cristianos que fallaron cumpliendo con las normas bíblicas y han visto la falsedad en las iglesias y los medios de comunicación cristianos. Los incrédulos desean conocer, ver y oír a la gente que está en una travesía, luchando con Dios cada día, sin temer hablar de los conflictos matrimoniales, y que están dispuestos a compartir el poder de Cristo para cambiar a otras personas. Estos mismos no cristianos son refrescados cuando van a una comunidad de personas honestas que están dispuestas a compartir sus luchas con el pecado y su dependencia con el Dios vivo. Este tipo de autenticidad a menudo gana a los no creyentes a la fe cristiana.

Los miembros de la célula también cobran vida en su fe y crecen como discípulos en la presencia de los no cristianos. El apóstol Pablo estaba hablando de una iglesia en una casa en 1

Corintios 14:23-25 cuando menciona a un no creyente entrando en la habitación. Pablo dice:

Así que, si toda la iglesia se reúne y todos hablan en lenguas, y entran algunos que no entienden o no creen, ¿no dirán que ustedes están locos? Pero si uno que no cree o uno que no entiende entra cuando todos están profetizando, se sentirá reprendido y juzgado por todos, y los secretos de su corazón quedarán al descubierto. Así que se postrará ante Dios y lo adorará, exclamando: "¡Realmente Dios está entre ustedes!" [59]

Cuando la Escritura dice: "todos están profetizando", significa literalmente que todo el mundo participaba. En esas iglesias primitivas en las casas, todo el mundo estaba involucrado. La palabra *profecía* en este pasaje se refiere a cada persona ministrando o hablando a la vida del no creyente que entraba en la casa.

Cuando el no creyente entraba en la habitación de los seguidores de Cristo, la profecía comenzaba a fluir de manera natural mientras cada creyente anhelaba ministrar a las necesidades del visitante incrédulo. El poder de Dios se manifestaba en medio de ellos, moviéndose primero en medio de los creyentes transformados y luego desbordándose entre los perdidos que se encontraban entre ellos.

Y así mismo es hoy en día. Los grupos celulares cobran vida cuando un incrédulo asiste. Los miembros ejercitan sus dones de una manera nueva y fresca. Los creyentes ministran a los no creyentes, y los no creyentes dan a los creyentes una razón para el ministerio. Los dones espirituales cobran vida cuando esta mezcla se junta. Hay un nuevo deseo de servir y dar a los demás. A medida que el mundo contempla este tipo de amor práctico y de unidad en acción, Cristo nos dice que van a ser ganados para él. Ellos no sólo escucharán el evangelio, sino que verán el evangelio vivido. Y al final el resultado será más y mejores discípulos.

Capítulo Seis

EL DISCIPULADO A TRAVÉS DE LA MULTIPLICACIÓN

En febrero de 2010, tuve un "momento de realización". Yo estaba hablando en una conferencia celular en Dallas, Texas, con Mario Vega, Pastor General de Iglesia Elim en San Salvador. Me senté, y fue el turno de Mario para hablar. El tema de Mario fue la base bíblica para el ministerio celular y durante su discurso, dijo: "La multiplicación es el resultado de la salud de la célula". Mario explicó que la multiplicación no es la meta. Más bien, el objetivo es hacer discípulos que hagan nuevos discípulos. A medida que esos discípulos son formados y desarrollados en un ambiente de cuidados y amor, la multiplicación se presenta como resultado. Sabiendo que Mario era el pastor general de una de las iglesias de más rápido crecimiento en el mundo, escuché atentamente lo que tenía que decir acerca de la multiplicación celular.

Cuando pienso en retrospectiva, es probable que haya
escuchado esas palabras muchas veces anteriormente, pero no
estaba listo para escuchar realmente hasta ese momento. Se
había convertido en algo cada vez más claro para mí que la
multiplicación no podía ser el objetivo principal—como ya lo
había pensado previamente en 1997. [60]

Se necesitarían muchos más años y vivir en un contexto
diferente para entender que la multiplicación no es la meta. Más
bien es el resultado de un enfoque en hacer discípulos que hagan
discípulos. En otras palabras, se forma un discípulo sano y
moldeado en una célula que da vida.

Debemos desear hacer tantos discípulos saludables como sea
posible, pero es igualmente importante entender que multiplicar
un grupo celular no es lo mismo que hacer un discípulo
saludable. Es posible multiplicar un grupo celular y ni siquiera
tener un líder, como algunas iglesias celulares ya lo han hecho.
Estas iglesias han multiplicado grupos celulares pidiéndole a
un líder que dirija a más de un grupo. Sin embargo, tener muchos
grupos no es el propósito del ministerio celular, y dicha actividad
puede tener nocivos efectos secundarios, como desgastarse y
el desánimo. La misión es hacer discípulos que hagan discípulos-
así como Jesús lo enseñó.

NO FUERCES LA MULTIPLICACIÓN

Cuando verdaderamente capté la visión de que las células
saludables se multiplican porque los discípulos son preparados
y están listos para comenzar nuevos grupos, comencé a
concentrarme en hacer discípulos y dejé de preocuparme por
el tiempo que toma para multiplicar el grupo. Hasta entonces,
estaba más preocupado por multiplicar el grupo dentro de un
cierto período de tiempo o en una fecha de multiplicación
prevista— aunque no se desarrollaran discípulos saludables.

Fue un acto reflejo mecánico, y estaba poniendo la carreta delante del caballo.

Por ejemplo, recuerdo un grupo celular, en el que disfrutamos de una dulce comunión y comunidad. La principal pareja que asistía al grupo tenía muchos amigos no cristianos que tenían negocios seculares en auge en la ciudad, y me encantaba el grupo. Sin embargo, después de cierto tiempo, sentí que necesitábamos multiplicarnos, porque eso era lo que se suponía que las células debían hacer. El problema era que los discípulos no estaban preparados. Esta pareja correctamente se dio cuenta que estaba forzando una multiplicación antes del momento oportuno— algo de lo que me di cuenta más tarde. Finalmente ellos abandonaron la iglesia

Sí, los nuevos nacimientos serán dolorosos, y el malestar es parte de la experiencia de crecimiento, pero también creo que tenemos que asegurarnos de que el dolor no sea auto-infligido a través de la actividad motivada por la fuerza de parte del hombre. El énfasis debe estar siempre en hacer discípulos que hagan discípulos y el resultado será la multiplicación— y no al revés.

Al crecer en mi comprensión sobre la multiplicación saludable, también he cambiado mi definición de célula para resaltar el hecho de hacer nuevos discípulos, y que esto traiga como resultado la multiplicación:

Un grupo de tres a quince personas que se reúnen semanalmente fuera del edificio de la iglesia con el propósito de la evangelización, la comunidad y el crecimiento espiritual *con la meta de hacer discípulos que hagan discípulos* lo que resulta en la multiplicación.

En el pasado, prioricé en la multiplicación *y di a entender* que el hacer discípulos era el resultado. Sin embargo, a menudo pasé por encima de esa implicación y fallé en practicarla. En mis viajes por el mundo, veo a muchos pastores caer en la misma trampa. Empujan la multiplicación como un fin en sí misma, más que como el resultado de algo más grande—hacer discípulos que hagan discípulos. Los discípulos preparados son moldeados en nutridos grupos celulares que dan vida— así como los bebés saludables son formados en vientres sanos.

FORMACIÓN DESDE EL VIENTRE

La formación de un bebé y el posterior nuevo nacimiento es un proceso milagroso. Uno de los momentos más maravillosos de mi vida fue ver a Sarah Comiskey nacer en Quito, Ecuador, el 16 de septiembre de 1991. No podía creer que lo que el médico había colocado en nuestros brazos era un ser humano vivo y respirando. Sin embargo, el nacimiento de Sarah no sucedió de la noche a la mañana. Ella fue formada en un ambiente que la preparó para enfrentarse a los retos de la nueva vida.

A lo largo de los tres primeros meses, un bebé crece a un ritmo asombroso, pasando de un pequeño grupo de células a ser un feto. El bebé obtiene la nutrición de la madre, y al séptimo mes, el bebé llega a medir nueve pulgadas. Los órganos internos del bebé están madurando y ahora tiene un rostro completamente formado. Algunos bebés incluso han sido fotografiados chupándose el dedo en el útero durante el segundo trimestre. El bebé sigue aumentando de peso rápidamente y para el final del séptimo mes tiene cejas y pestañas. El cerebro del bebé se desarrolla rápidamente durante el último trimestre

El ambiente nutricional del vientre de una madre afecta la salud del bebé, no sólo en el nacimiento y durante la infancia temprana, sino para el resto de su vida. Esto significa que la salud futura del bebé se verá afectada cuando la madre obtiene muy poco de los nutrientes adecuados o demasiados de los equivocados.

Al igual que un bebé en desarrollo necesita de las condiciones adecuadas dentro del útero para crecer fuera, los discípulos saludables crecen a medida que se desarrollan en las células sanas. ¿Cuáles son las señales claves que determinan que los discípulos han sido formados dentro de la célula y que están listos para dar a luz?

SEÑAL #1: ¿ESTÁ TENIENDO LUGAR LA COMUNIDAD?

Jesús escogió a doce discípulos diversos y se tomó tres años para moldearlos juntos como una sola unidad. Les tomó ese tiempo para que aprendieran a mirar más allá de sus diferencias y a amarse los unos a los otros. Jesús les dijo que su impacto en el mundo dependía del amor que se mostraran los unos a los otros.

Jesús moldea y da forma a los grupos celulares de la misma manera hoy en día. Si una nueva célula que no ha experimentado una verdadera comunidad se multiplica, hay una buena probabilidad de que no sobreviva. Antes de que ocurra la multiplicación, los de la célula deben experimentar primero lo que significa ser la familia de Dios. Si no hay comunidad en la célula madre, ¿qué tendrá para ofrecer el nuevo grupo? Esos nuevos discípulos en el vientre de la célula necesitan tener la oportunidad de depender de sus hermanos y hermanas en los momentos de dificultades y luchas. Los futuros discípulos necesitan tener la oportunidad de compartir consistentemente y con transparencia, pedir oración, contribuir con informes de alabanza, y orar por otros.

Deberían haber aprendido a lidiar con el conflicto en el grupo. Sin conflicto, los creyentes no ejercitarán sus músculos para crecer más profundamente en su fe cristiana. Pedro dice: "Sobre todo, ámense los unos a los otros profundamente, porque el amor cubre multitud de pecados". (1 Pedro 4:7-8). La palabra *profundamente* en griego significa *estirarse* literalmente. Denota la tensa actividad muscular de un atleta. Amar a los demás requiere el estiramiento y ejercitar de los músculos que no sabíamos que existían. Tenemos que cubrir los pecados de nuestros hermanos y hermanas con un amor que sólo el Espíritu Santo puede proporcionar. Este tipo de amor no viene de manera natural—sólo de manera sobrenatural. Insistir en que haya comunidad aún a través del conflicto vale la pena, y no es conveniente apresurar el proceso de multiplicación hasta que se esté formando una comunidad. Recuerde que la meta no es simplemente que haya un nuevo grupo celular. Más bien, el objetivo es que haya discípulos saludables que se forjen en una comunidad dada por Dios.

SEÑAL #2: ¿ESTÁN PARTICIPANDO TODOS?

Las iglesias en las casas del Nuevo Testamento eran flexibles y dinámicas. Todo el mundo participaba y Pablo podía decir a la iglesia de la casa en Éfeso, ". . . Por su acción todo el cuerpo crece y se edifica en amor, sostenido y ajustado por todos los ligamentos, según la actividad propia de cada miembro". (Efesios 4:16) Pablo escribió a otra iglesia en la casa en Colosas, "Que habite en ustedes la palabra de Cristo con toda su riqueza: instrúyanse y aconséjense unos a otros con toda sabiduría; canten salmos, himnos y canciones espirituales a Dios, con gratitud de corazón". (Colosenses 3:16). Pablo quería que los creyentes de la iglesia en la casa compartieran libremente, se animaran unos a otros, y que se regocijaran en la bondad de Dios. No vemos una agenda rígida o a una persona que da el estudio de la Biblia. Más bien, la reunión era un tiempo para ministrarse los unos a los otros y satisfacer las necesidades. El Espíritu Santo usaba a cada miembro como un instrumento de edificación. Los miembros disfrutaban de la presencia del otro, se reían juntos, y experimentaban una rica comunión. Robert Banks escribe: "No encontramos ninguna sugerencia de que estas reuniones se hayan llevado a cabo con el tipo de solemnidades y formalidades que rodean a la mayoría de las reuniones cristianas semanales en la actualidad". [61]

Un grupo no está listo para multiplicarse a menos que los miembros del grupo se estén ministrando activamente los unos a los otros, estén aplicando la Palabra de Dios a la vida real, y estén usando activamente sus dones. Los discípulos que finalmente dirigirán la célula hija estarán mejor preparados en este tipo de ambiente. Los futuros discípulos también tendrán que saber identificar sus propios dones y ayudar a otros en la búsqueda y en el uso de estos. Necesitan primero ser testigos de un grupo celular dinámico y orgánico, para poder reproducir lo mismo en la célula hija.

SEÑAL #3: ¿ESTÁ EVANGELIZANDO EL GRUPO?

Si el grupo celular madre no ha practicado el evangelismo juntos, lo más probable es que la célula hija tampoco lo practique. Y si la célula madre está creciendo hacia dentro, los futuros discípulos que van a dirigir el nuevo grupo no tendrán una imagen mental positiva de lo que se supone que deben hacer.

Algunos han enseñado que la célula madre tiene que ganar un número determinado de personas para Jesús antes de que ocurra la multiplicación. No estoy de acuerdo con esto. Dios tiene que traer el fruto. Nuestra parte es la de sembrar la semilla. La responsabilidad del grupo celular es la de alcanzar a otros sistemáticamente, tanto como grupo como individualmente. ¡Tal vez la célula hija vea mucho más fruto que la célula madre! Pero si la célula madre no está evangelizando activamente, los nuevos discípulos que guiarán al nuevo equipo de liderazgo no sabrán qué hacer. Si el líder de la célula madre sólo puebla la célula con las personas que ya están en la reunión más grande (celebración), la célula se reproducirá según su especie que crece sólo hacía dentro.

También es cierto que los discípulos se forman a medida que ejercitan sus músculos en el desarrollo de las relaciones con no cristianos, sirviendo en la comunidad, orando por amigos no cristianos, aportando ideas para alcanzar a otros a través de la célula, e invitando a las personas a los grupos celulares. Si creemos que el objetivo de la célula es hacer discípulos que hagan discípulos, es importante que los discípulos potenciales hayan estado usando sus músculos evangelísticos para alcanzar y ganar a nuevas personas.

SEÑAL #4: ¿HAN SIDO FORMADOS NUEVOS DISCIPULOS?

Si nadie en el grupo está siendo formando para dirigir el próximo grupo, la multiplicación no tendrá lugar. Es posible imaginar e incluso fijar las metas para la multiplicación celular, pero si un potencial nuevo hacedor de discípulos no se está moviendo a través del canal del parto, la multiplicación no tendrá lugar.

Miembro Celular en Pleno Funcionamiento

El primer paso es que los líderes de célula observen a los miembros de la célula, prestando especial atención en el desarrollo de su carácter. Los que van a formar parte de un nuevo equipo de liderazgo deben ser FAST (rápidos): Fieles, A (disponibles),- Siervos de corazón, y T (enseñables). ¿Han demostrado estas características dentro de la célula? ¿Asisten sistemáticamente? ¿Llegan a tiempo? ¿Están dispuestos a orar, dirigir la adoración, dirigir el rompehielos, o facilitar la lección celular?

La Biblia es clara en que un discípulo en crecimiento necesita tener un buen testimonio frente a los de afuera (1 Timoteo 3:7). Usted no querrá levantar a alguien que más tarde va a hablar mal de la Iglesia. Creo que es también esencial que los miembros del equipo caminen en un cierto grado de santidad (Hebreos 12:14). No me estoy refiriendo a la perfección, porque eso no va a ocurrir de este lado del cielo. Me refiero a ser libre de pecados mayores como la fornicación, la pornografía, y así sucesivamente.

En segundo lugar, ¿Ha sido en realidad probada la persona que dirigirá la reunión celular? Un nuevo discípulo no estará listo para dirigir el nuevo grupo a menos que él haya participado plenamente en el grupo madre—incluyendo dar la lección en más de una ocasión.

Equipamiento del Discipulado Completado

Vamos a aprender en el capítulo 8 que los futuros discípulos deben completar el equipamiento del discipulado, en el que se enseña sobre la doctrina, la disciplina espiritual, la evangelización y el desarrollo del liderazgo. Los miembros del grupo, por ejemplo, van a aprender en el grupo cómo evangelizar, pero en el equipamiento de discipulado se les enseñarán los detalles de cómo compartir el Evangelio, preparar testimonios, e implementar las bases bíblicas para el evangelismo. El camino del equipamiento del discipulado está íntimamente ligado con el ministerio celular y fomenta el proceso de hacer discípulos que hagan discípulos que se traduce en la multiplicación celular. Las iglesias celulares utilizan diferentes términos para este equipamiento del discipulado tales como *pista de entrenamiento o escuela de líderes.*

El equipamiento del discipulado lleva al nuevo creyente del punto A al punto B. Todos en la iglesia deben cursarlo. El equipamiento es específico, y el proceso produce discípulos que hacen otros discípulos a través de nuevos grupos celulares. El equipamiento de la iglesia celular incluye la claridad y la "capacidad para hacer". Existe definitivamente un principio y un fin y una nueva persona que entra en la iglesia puede entender fácilmente lo que se necesita para ir del punto A al punto B.

Así que mientras los nuevos discípulos son formados dentro de la célula, también están siendo moldeados por el equipamiento del discipulado que tiene lugar fuera del grupo celular. Este es un empuje que ayuda a las iglesias celulares a destacarse en el proceso de hacer-discípulos.

Verificación del Carácter

Aunque una persona haya completado el equipamiento del discipulado, haya participado en el grupo celular fielmente, y sea considerado **FAST** (rápido) **F**iel, **A** (disponible), **S**iervo de corazón, y **T** (enseñable), esto no significa que el nuevo discípulo está listo para dirigir un grupo—o incluso formar parte de un equipo de discipulado. Es posible que haya defectos de carácter ocultos que pudieran obstaculizar su involucramiento en el liderazgo y en última instancia causar problemas en el futuro. Es por esto que es importante que el liderazgo de nivel superior apruebe al nuevo candidato antes de que él o ella sea colocado en un nuevo equipo de liderazgo

La Iglesia Amor viviente, en Tegucigalpa, Honduras, es un gran ejemplo de la ventaja de requerir una verificación de carácter de los candidatos a un nuevo equipo de liderazgo de la célula. La Iglesia Amor viviente exige que el pastor entreviste a cada nuevo líder potencial de equipo. Se hacen una serie de preguntas acerca de la vida devocional de la persona, de su matrimonio, del tiempo disponible que tienen para la iglesia, y de sus actitudes personales. Cuando observé por primera vez este proceso, pensé que era demasiado restrictivo y consumidor de tiempo, pero con los años he visto la importancia de este control de calidad. Ayuda a asegurar (no garantizar) que el líder se mantendrá fuerte bajo presión y que el grupo celular tendrá una mejor oportunidad de sobrevivir. Y me dijeron que sólo uno de cada diez grupos celulares fracasa en la Iglesia Amor Viviente.

SEÑAL #5: ¿ESTÁ EL EQUIPO DE LIDERAZGO EN SU LUGAR?

Estoy cada vez más convencido que una célula no debe multiplicarse hasta que un equipo de discípulos esté en su puesto y listo para dirigir al nuevo grupo. Esto significa que los que empiezan una nueva célula han participado plenamente en la célula madre y han pasado por el proceso de equipamiento..

La Norma Bíblica

Una pluralidad de líderes guió a la iglesia primitiva en las casas. Pablo, por ejemplo, dijo a los líderes de la iglesia de Éfeso que el Espíritu Santo los había hecho "supervisores u obispos" del rebaño (Hechos 20:28). Al escribir a la iglesia de Filipos, Pablo saludó a la congregación y por separado a los "supervisores u obispos" (Filipenses 1:1). Cuando le escribió a Tito, Pablo dirigió el nombramiento de ancianos, a los que también identificaba con las funciones de "supervisor u obispo" (Tito 1:5-7). Ya sea que sean designados como un "cuerpo de ancianos" (1 Timoteo 4:14) o simplemente como "ancianos", esta forma de liderazgo fue siempre ejercido por un grupo de personas más que por un solo individuo (Hechos 20:17; 1 Timoteo 5:17; Tito 1:5; Santiago 5:14; 1 Pedro 5:1-4). Michael Green habla sobre el liderazgo de la iglesia primitiva:

El liderazgo siempre fue plural: la palabra "presbítero" de la que se deriva "sacerdote" se utiliza regularmente en plural para describir el ministerio cristiano en el Nuevo Testamento. Ellos eran un equipo de liderazgo, que se apoyaban y se animaban los unos a los otros, y sin duda también sobre llevando mutuamente sus deficiencias. Este liderazgo de equipo es muy evidente en los viajes misioneros del Nuevo Testamento, y Hechos 13 es particularmente interesante. Esto indica no sólo un liderazgo plural en Antioquía, que constaba de cinco miembros, sino de diversos tipos de liderazgo: algunos eran "profetas" que se apoyaban en los dones del Espíritu, mientras que otros eran "maestros" que se apoyaban en el estudio de las Escrituras.[62]

Incluso los primeros apóstoles operaban como un equipo. Mientras guiaban a la iglesia de Jerusalén, compartían el liderazgo de la congregación con un grupo de ancianos (Hechos 15:4; 6; 22), que permanecieron mucho tiempo después de que los apóstoles se fueran (Hechos 21:18). Los escritores del Nuevo Testamento evitaron la idea de uno, de un solo líder. La norma para la iglesia primitiva era tener un equipo de pastores en vez de sólo uno. Además de ancianos, dos iglesias mencionan tener diáconos (Filipenses 1:1; 1 Timoteo 3:8; 12). Cualesquiera que hayan sido sus funciones, sus servicios también eran prestados sobre la base de un liderazgo compartido, ya que siempre se mencionan en plural.

Me resulta mucho más liberador decirles a los futuros hacedores de discípulos que ellos no van a dirigir el grupo de forma individual, sino que van a funcionar en equipo. Los hacedores de discípulos potenciales se sienten más seguros cuando saben que no tendrán que hacer todo ellos mismos. Los nuevos grupos son también mucho más saludables cuando son dirigidos por un equipo de liderazgo. Pero, ¿cómo hacemos para que esto sea práctico?

Una Persona a Cargo

Incluso con el énfasis de la pluralidad del liderazgo del Nuevo Testamento, hay indicaciones en el Nuevo Testamento que una persona encargada dirigía a los equipos de la iglesia en la casa (por ejemplo, 1 Timoteo 5:17). He supervisado a iglesias que no tienen a una persona a cargo debido a sus convicciones bíblicas acerca de la igualdad dentro del ministerio en equipo. Aunque me gustó su espíritu de equipo, descubrí que cuando no hay nadie a cargo, es común que nadie asuma la responsabilidad, lo que conduce a la falta de claridad y dirección.

Yo creo que lo mejor es tener a una persona que dirija el equipo de discipulado, aunque es esencial que la persona a cargo dirija el equipo con una actitud de servicio. La Escritura es clara cuando dice que los que están a cargo tienen que dirigir en humildad, en lugar de un espíritu dominante y controlador. Jesús dijo que el más grande en el liderazgo sería el servidor de todos (Mateo 20:25-28; Juan 13:13-17).

Extiende el Equipo

Con demasiada frecuencia en el ministerio de grupos pequeños, hemos enfatizado en una o dos personas a quienes nosotros llamamos *líderes*. Pero ¿por qué limitar el equipo a dos personas? ¿Por qué no tener un equipo de tres personas, como Jesús, o cuatro o cinco, como el apóstol Pablo? No sólo se pueden distribuir las responsabilidades de los grupos pequeños de manera más amplia en un equipo más grande, sino que hay más posibilidad de multiplicación.

Me parece que cuando usamos el término *asistente de-líder* o *líder asistente*, nos estamos limitando a tener miembros adicionales en el equipo. ¿Por qué no utilizar el término *líder del equipo o miembro del equipo* y añadir poco a poco nuevos potenciales hacedores de discípulos al equipo?

Con más personas en el equipo de discipulado, más personas realmente asistirán fielmente cada semana (asumiendo que los miembros del equipo estarán siempre allí), y más personas pueden ayudar con las funciones dentro del grupo (por ejemplo, con el refrigerio, la adoración, la oración, la lección, con la evangelización, y así sucesivamente).

Enfócate en los Dones de Cada Miembro del Equipo

Las funciones del equipo de liderazgo deben ser distribuidas de acuerdo a los dones de cada miembro. Si Juan tiene el don de la evangelización, él debe ser el responsable de dirigir las actividades de asistencia y alcance del grupo pequeño. Si Nancy tiene el don de la misericordia, ella podría ayudar con la visita de un miembro hospitalizado u organizar la visita. Si José tiene el don de la enseñanza, él podría alternar con alguien más en la enseñanza del grupo pequeño o en conducir a un miembro en el equipamiento del discipulado aprobado por la iglesia. Si Juana tiene el don del apostolado, ella debería estar encabezando la siguiente multiplicación. Si Andrés tiene el don de la administración, él podría estar a cargo de la distribución de las responsabilidades del grupo pequeño —quién traerá el refrigerio, conducirá la adoración, la oración, la lección, y así sucesivamente.

La Comunicación como un Equipo

Una vez que hayas establecido quién estará en el equipo, es fundamental hacer hincapié en el amor y la servidumbre. Es importante establecer la regla de que los miembros del equipo deben hablar directamente con los otros miembros del equipo, en lugar de hacerlo a través de chismes, sobre todo para evitar la sutil trampa de chismear dis que para orar por fulano de tal. La honestidad absoluta y la voluntad de caminar a través de los conflictos— y en realidad crecer a través de ellos —son rasgos importantes que hacen o deshacen un eficaz ministerio en equipo. Recuerde que incluso el gran apóstol Pablo experimentó problemas con su equipo (Hechos 15:1-4), y con el miembro del equipo llamado Bernabé (Hechos 15:36-41). La voluntad de Pablo de caminar a través de estos conflictos con honestidad y a hacer frente a estos problemas directamente tuvo como resultado la continuación de su gran ministerio. El ministerio en equipo puede ser intenso, y por lo tanto, es esencial mantenernos sin resentimientos, permitir que el amor cubra una multitud de pecados, y en especial desarrollar la amistad entre los miembros del equipo. De hecho, la amistad es el pegamento que mantiene al equipo a través del tiempo.

¿Cómo puedes hacer esto? Recomiendo hablar por teléfono, mandar mensajes de texto, correos electrónicos, hablar en la iglesia, y llegar a conocerse personalmente los unos a los otros. ¿Con qué frecuencia? Cuanto más, mejor, pero yo diría que el equipo debe reunirse por lo menos una vez al mes para tener compañerismo y para planificar.

¿Qué debes cubrir en la reunión del grupo? En primer lugar, es un tiempo para orar los unos por los otros y por el grupo pequeño. En segundo lugar, llegar a conocer a cada miembro del grupo pequeño. ¿Cuáles son sus necesidades? ¿Necesita Juan una reunión personal? ¿Necesita Juana tener una mayor responsabilidad en el grupo? ¿Quién en el grupo celular necesita ser animado para cursar el equipamiento del discipulado de la iglesia? En tercer lugar, asigna responsabilidades para la reunión del grupo pequeño.

MULTIPLICANDO DISCÍPULOS

Tal como se mencionó en la introducción, Mario Vega cree que las células saludables se multiplican. Antes de que Mario se convirtiera en pastor general de Iglesia Elim en San Salvador, muchos líderes iniciaban y dirigían más de una célula durante el año para cumplir con la meta de la iglesia (a menudo bajo presión). Cuando Mario Vega asumió el liderazgo de Elim en San Salvador, él comenzó a fomentar una visión más saludable de la multiplicación, una que se basaba en hacer discípulos en lugar de iniciar nuevos grupos. De hecho, él dejó de contar los grupos que no tenían su propio líder, porque sentía que esos grupos estaban alterando las estadísticas de Elim, pero no cumpliendo la meta de hacer discípulos que hicieran discípulos.

En lugar de crear nuevos grupos, tenemos que hacer énfasis en hacer discípulos. Abe Huber es el fundador y pastor de un movimiento brasileño de iglesia celular que ha crecido a casi diez mil grupos celulares. Él escribe:

A partir de mi experiencia puedo decir que la clave para tener grandiosas células es tener un grandioso discipulado.

La gran pregunta es: "¿Cómo podemos garantizar que todos serán atendidos y verdaderamente discipulados?" Para iniciar un proceso de discipulado en tu iglesia, tienes que tomar la iniciativa y ser un ejemplo. En primer lugar, tu como pastor necesitas tener un mentor / discipulador a quien tu le rindas cuenta de tu vida espiritual. Me refiero a alguien que orará contigo y te dará consejos. Esta persona deberá ser alguien que admiras, quien también es respetado por su congregación, y quien te da cobertura espiritual.

Una vez que tienes a un discipulador, siempre resulta mucho más fácil animar a toda la iglesia a querer ser discipulada. A continuación, debes comenzar discipulando a algunos de tus hombres clave, uno por uno. Pasa tiempo de calidad con ellos, ayudándoles en su relación con el Señor, y en su relación con su familia.

También es muy importante que tus discípulos principales se conviertan en líderes y supervisores de tus células. Tu tiempo de discipulado con ellos incluirá tu mentoreo sobre la manera de dirigir efectivamente, multiplicar y supervisar sus células.

Tú y tus discípulos tiene que recordar esto: Nuestra prioridad no es multiplicar las células. Más bien, la multiplicación celular es la consecuencia natural de hacer discípulos de manera eficaz. Nuestra prioridad es hacer "discípulos que hagan discípulos". Como líderes debemos estar reproduciendo nuevos líderes. Si tus discípulos son líderes de células, y si están siendo efectivos en su discipulado, ¡ellos definitivamente estarán reproduciendo nuevos líderes de células!

Con amor, tengo que recordarte, por lo tanto, que sólo se puede reproducir en otros lo que primeramente se ha producido en ti. Sólo se puede dar a luz a nuevos líderes, si permites humildemente que alguien hable a tu vida y permites que los "dolores de parto" de Cristo sean formado en ti. Sólo serás un buen discipulador, si primero te conviertes en un buen discípulo. Es por eso que es tan importante que modeles el discipulado. Tus principales líderes y miembros de la iglesia también querrán ser discipulados y mentoreados al ver lo mucho que valoras a tu discipulador y recibes de él.

¡Creo que esto es sólo el comienzo de una revolución de discipulado que te transformará a ti y a tus ministerios![63]

El enfoque de hacer discípulos a través del ministerio celular sigue siendo cierto en todas las culturas y fronteras. En algunos lugares, como España, multiplicar nuevos discípulos podría tomar un largo, largo tiempo. En otros lugares, como Brasil, la multiplicación de grupos y discípulos puede ocurrir rápidamente a causa de la receptividad. Si bien la frecuencia de la multiplicación difiere, el proceso es el mismo.

VISLUMBRANDO NUEVOS GRUPOS

¿Debería cada líder fijar una meta para un nuevo grupo celular? En mis primeros días de investigación celular y de ministerio, yo habría dicho: "Sí, todas las células necesitan establecer metas de multiplicación". No importaba si la célula tenía alguna idea de si podría multiplicarse, pero me parecía que era mejor para la célula establecer una meta para la multiplicación. Parte de la razón era mi primera investigación que mostraba que los grupos celulares que en realidad tenían metas para la multiplicación se multiplicaban más rápido que aquellos que no tenían una meta.

Pero, ¿significa esto que el líder de la célula desde el primer día de la célula debe decir "Vamos a multiplicarnos en tal y tal fecha"? Hablar de multiplicación antes que la célula haya formado un sentido de comunidad puede hacer más daño que bien. En primer lugar, puede obstaculizar la formación de la comunidad. Las personas inmediatamente pensarán que estarán diciendo adiós muy pronto y no se tomarán el tiempo para establecer relaciones cercanas. Algunos ni siquiera podrían comprometerse con el grupo por temor a una rápida partida. En segundo lugar, pone temor en algunas personas pensar que van a ser "líderes" antes de que hayan tenido una oportunidad natural para desarrollarse en la célula y trabajar a través del componente de equipamiento del discipulado que forma parte del proceso de discipulado.

Creo que es mucho mejor para el equipo de liderazgo trabajar detrás de cámaras. Mientras los líderes crecen a través de la participación, ellos captarán el propósito de salir y ser parte de un equipo de discipulado. También sabemos que el equipamiento de discipulado es un componente crucial en el proceso de discipulado, por lo que es mejor para el líder del equipo invitar a todos los miembros a tomar el equipamiento del discipulado — ¡y no decirles inmediatamente que serán parte de un futuro equipo de multiplicación! En otras palabras, ellos van a entender mejor el liderazgo de equipo cuando estén atravesando por el equipamiento del discipulado y hayan tenido más tiempo para participar en la célula.

Le pregunté a un pastor de una iglesia celular cómo había llegado a ser tan exitoso con la multiplicación celular. Él me dijo: "Mi gente nace de nuevo en la célula y aprende a hablar el lenguaje de la multiplicación celular. Al igual que un bebé aprendiendo un nuevo idioma, ellos entienden que están llamados a ser discípulos y a formar nuevos grupos celulares. Ellos saben que su objetivo es alcanzar e infiltrarse en los nuevos vecindarios para Jesús". Cuando una iglesia alcanza el punto de ver los nuevos nacimientos espirituales en el grupo celular y luego madurar a estas nuevas personas a través del proceso natural de discipulado celular, la célula se convierte en una poderosa herramienta en la mano de Dios para alcanzar a un mundo herido y moribundo

¿CÓMO HACE DISCÍPULOS EL SISTEMA CELULAR?

Cápitulo Siete

EL DISCIPULADO EN LA REUNIÓN MÁS GRANDE

A muchos no les agrada la palabra _célula_. Ellos la equiparan con una celda de prisión o con una pequeña y secreta reunión comunista, a las que también se les llama células. Y a causa de estas negativas connotaciones, animo a las iglesias a cambiar la palabra a algo más aceptable, como grupos de vida (aunque yo les digo a las iglesias que eviten cambiar la definición de la célula).[2] Con tantas connotaciones negativas, ¿por qué muchos siguen utilizando la palabra _célula?_

---

2 Entre más en detalle sobre los nombres de los grupos en este artículo: http://www. joelcomiskeygroup.com/articles/basics/NAMEcell.html. Aunque está bien cambiar el nombre, Yo recomiendo mantener una definición de calidad como: grupos de tres a quince que se reúnen semanalmente fuera del edificio de la iglesia con el propósito de hacer evangelismo, tener comunidad, y crecimiento espiritual con la meta de hacer discípulos que hagan discípulos, que resulte en la multiplicación.

Una de las principales razones es por la comparación con el cuerpo humano. Existe una relación simbiótica especial entre las células individuales y el cuerpo humano como un todo. Uno no puede existir sin el otro. Las células biológicas no son entidades independientes que actúan por su cuenta. Ellas dependen del ecosistema del resto del cuerpo, y la salud de todo el cuerpo depende de cada célula individual.

El cuerpo humano se compone de alrededor de cien trillones de células individuales que trabajan en conjunto para producir un cuerpo humano en pleno funcionamiento. A veces, cuando una sola célula se altera, puede cambiar dramáticamente todo el cuerpo. Esto ocurre en el desarrollo del cáncer. Desde la perspectiva de la célula(s) alterada, puede parecer que no está haciendo nada malo. Está viviendo mejor, por más tiempo, y puede ser más fructífera. Pero esto es un desastre desde el nivel del cuerpo humano. Las características de las células han cambiado ahora y afectarán inevitablemente su interrelación con el resto del cuerpo. La buena noticia es que las células cancerosas son normalmente destruidas antes de que tomen control. ¿Cómo? El cuerpo humano envía células blancas de la sangre que exploran de forma activa el cuerpo en busca de células anormales, destruyéndolas antes de que puedan convertirse en un cáncer real.

Las iglesias celulares funcionan de manera parecida a los cuerpos humanos. Las células individuales no están autorizadas para actuar como entidades independientes que no tienen una conexión más allá de sí mismas. Más bien, cada célula es parte de un todo mayor y recibe el alimento de otras partes del cuerpo. Cada célula trabaja en conjunto con las otras células para alcanzar un propósito común. Juntar estas células en una gran reunión realza ese propósito común para garantizar la salud celular, recordándoles a las células la visión común, y proporcionándoles la enseñanza que cada una de las células no recibiría de otra manera. El objetivo final de la reunión más grande de las células es que cada miembro sea más como Jesús.

LA CONEXIÓN ENTRE LA CÉLULA Y LA REUNIÓN MÁS GRANDE

La conexión entre la célula y la celebración (reunión más grande) es bíblica. La Escritura nos enseña una relación clara entre las iglesias en las casas del Nuevo Testamento. Las iglesias en las casas que Pablo plantó, en otras palabras, formaban parte de una unidad mayor. Gehring escribe: "Muchos eruditos del Nuevo Testamento creen que ambas formas— iglesias pequeñas en las casas y toda la iglesia como una unidad en ese lugar —existieron una junto a la otra en el cristianismo primitivo". [64]

El propio liderazgo de Pablo fue crucial en conectar juntas a las iglesias en las casas. Vemos a Pablo y Silas en Hechos 16:4 viajando de pueblo en pueblo, entregando las decisiones tomadas por los apóstoles y ancianos de Jerusalén. La mayoría de las veces, esas iglesias en las casas formaban parte de una red que trabajaba junto con otras iglesias en las casas, pero sólo se juntaban ocasionalmente para las reuniones de grupo más grandes.

Sin embargo, en al menos dos casos, la iglesia de Jerusalén y la iglesia de Corinto, sus células se juntaban en una reunión más grande de manera constante y permanente. En Jerusalén, la iglesia primitiva se reunía en las casas para participar en la cena del Señor y tener comunión, pero luego esas mismas iglesias en las casas se reunían en el templo para escuchar las enseñanzas de los apóstoles. Hechos 2:46-47 dice: "No dejaban de reunirse en el templo ni un solo día. De casa en casa partían el pan y compartían la comida con alegría y generosidad, alabando a Dios y disfrutando de la estimación general del pueblo. Y cada día el Señor añadía al grupo los que iban siendo salvos. No dejaban de reunirse en el templo. Y partiendo el pan en las casas, comían juntos con alegría y sencillez de corazón, alabando a Dios y teniendo favor con todo el pueblo". Vemos aquí tanto las reuniones de la iglesia en la casa, así como aquellas iglesias en las casas que se reúnen para escuchar la enseñanza de los apóstoles. El segundo ejemplo se encuentra en Corinto. Pablo dice: "Así que, si toda la iglesia se reúne y todos hablan en lenguas, y entran algunos que no entienden o no creen, ¿no dirán que ustedes están locos?" (1 Corintios 14:23). Pablo al hablar de toda la iglesia junta implica que en otras ocasiones los cristianos de Corinto se reunieron por separado en las iglesias en las casas más pequeñas.

Ya sea que se reunieran en una reunión más grande con regularidad o de vez en cuando, las iglesias en las casas en el Nuevo Testamento estaban conectadas, y esta conexión tiene implicaciones importantes para el discipulado. Los discípulos eran desarrollados tanto en la iglesia en la casa como en la asamblea de los creyentes. Pero, ¿cómo tiene lugar este discipulado en la reunión más grande?

ENSEÑANZA DE NIVEL SUPERIOR

El discipulado en la célula es práctico. El objetivo es aplicar la palabra de Dios a cada miembro. La meta es que cada persona se vaya transformado en lugar de simplemente informado. Esto requiere que el líder de la célula sea un facilitador de la discusión y permita a cada miembro la oportunidad de compartir, resolver sus problemas y ejercitar sus dones para ministrar a otros. Animo a los líderes celulares a no jugar *hombre de respuesta bíblica*. La enseñanza más profunda ocurrirá en la celebración más grande.

Una de las principales formas en que el discipulado tiene lugar en la reunión más grande es a través de la enseñanza de la palabra infalible de Dios. La exhortación de Pablo a Timoteo se aplica hoy en día, "Predica la Palabra; persiste en hacerlo, sea o no sea oportuno; corrige, reprende y anima con mucha paciencia, sin dejar de enseñar. 3 Porque llegará el tiempo en que no van a tolerar la sana doctrina, sino que, llevados de sus propios deseos, se rodearán de maestros que les digan las novelerías que quieren oír". (2 Timoteo 4:2-3).

En la iglesia primitiva, leemos que los primeros creyentes perseveraban en la doctrina de los apóstoles (Hechos 2:42). Los apóstoles tuvieron un mejor manejo de la enseñanza de Cristo, porque habían estado con él durante tres años. Ellos fueron capaces de ayudar a los miembros de la iglesia en la casa a crecer en su fe. De la misma manera, los que han recibido formación adicional en la palabra de Dios son capaces de enseñar al resto de la iglesia, y además ayudar en el proceso de discipulado. El pastor y sus ayudantes pueden hacer frente a los pasajes de las Escrituras difíciles de entender y llenar los vacíos doctrinales. Los pastores también se pueden aplicar la palabra de Dios a las necesidades particulares dentro de la congregación. Por ejemplo, una cosa es escuchar un sermón en la radio, pero cuando un pastor predica la palabra de Dios a una congregación específica, la aplicación es mucho más rica ya que el pastor conoce al rebaño y puede dirigir la palabra de Dios a las necesidades de la congregación.

Tal vez, los líderes de células y los miembros han traído preguntas a los supervisores y los ayudantes. El pastor podría dar prioridad a esos temas que se enmarcan dentro de la predicación. Me he dado cuenta en las iglesias celulares alrededor del mundo que a menudo los que tienen el don de la enseñanza se identifican primero en la célula. A medida que estas personas se convierten en líderes de células y supervisores, a veces se les pide formar parte del equipo pastoral. Ellos entienden el sistema celular porque nacieron de nuevo dentro de él. Cuando predican la palabra de Dios, son capaces de utilizar las ilustraciones y las experiencias de la vida real para poner a tono a los miembros de la célula y a los líderes.

La mayoría de los grupos celulares utilizan el pasaje o tema del mensaje del pastor para dirigir la lección celular. De esta manera, los miembros de la célula pueden hacer preguntas, obtener una aclaración, y sobre todo aplicar las verdades espirituales que se enseñaron en el sermón. Cada vez me he convencido más de la eficacia de basar la lección celular en el tema del sermón que se imparte en la reunión más grande.

JUNTOS EN LA CELEBRACIÓN

La adoración en el grupo celular puede ser una experiencia íntima. Cada creyente puede pedir oración, ofrecer acciones de gracias, leer las Escrituras, compartir sobre las necesidades, y aplicar la Palabra de Dios a su vida cotidiana. Sin embargo, me he dado cuenta que los grupos celulares a menudo tienen más dificultades para entrar en adoración en el contexto de un grupo pequeño. Las razones pueden incluir la falta de talento musical, la falta de alguien que pueda tocar un instrumento, la vergüenza de cantar fuerte, y los sentimientos de insuficiencia vocal.

La adoración en el grupo más grande puede ayudar a las personas de un grupo pequeño. La transformación se lleva a cabo en el servicio de adoración más grande mientras los miembros de la célula son dirigidos por un ministro o líder de alabanza ungido para entrar en la presencia de Dios y recibir como resultado el empoderamiento.

Ocurre algo poderoso en una reunión de grupo más grande que inspira a la gente a buscar al Dios vivo. En el Antiguo Testamento leemos cómo el Señor instituyó festivales anuales y reuniones grandes para su pueblo. Esto les daba un sentido de una perspectiva más amplia de lo que Dios estaba haciendo en el mundo, y la oportunidad de ser inspirados por la imponente majestad de Dios. Algo similar ocurre en la reunión de adoración más grande. Hay una relación simbiótica maravillosa entre las células y el resto del cuerpo mientras el grupo más grande se reúne para reflexionar sobre la majestuosa grandeza de Dios.

La adoración en la reunión más grande es un tiempo para practicar las palabras de Cristo: "Vengan a mí todos ustedes que están cansados y agobiados, y yo les daré descanso. Carguen con mi yugo y aprendan de mí, pues yo soy apacible y humilde de corazón, y encontrarán descanso para su alma". (Mateo 11:28-29). Aquellos que ministran en las células funcionarán mejor, al recibir una fresca unción. La vida golpea a la gente y no hay nada como la adoración para levantar al pueblo de Dios y recordarles que Dios está en control.

Me gustó escuchar a un ministro de alabanza decirle a la congregación que se sumergiera en la presencia de Dios y que le permitiera a Dios ministrar directamente sus corazones. Les animó a cerrar sus ojos y solamente escuchar la voz de Dios. Él les dijo que no se preocuparan por la postura o la habilidad para el canto sino sólo en recibir el amor y la gracia de Dios. En lugar de insistir en que la congregación cantara más fuerte o en lugar de gritar, "no les oigo", este ungido ministro de alabanza le pidió a la iglesia que descansara en la presencia de Dios y recibiera su unción fresca. Las mejores experiencias de adoración fomentan este tipo de actitud transformadora.

En muchas iglesias celulares el ministro de alabanza primero utilizó por primera vez sus dones y talentos en el grupo celular y luego se le pidió dirigir la alabanza en una escala mayor. Esto es útil porque el ministro de alabanza conoce las necesidades de las personas en la congregación y entiende que los miembros de la célula, líderes, supervisores y el personal que ayuda al pastor necesitan refrescarse delante de Dios a fin de seguir dándose.

La célula y la celebración van de la mano en el proceso de discipulado. El discipulado celular es más intensivo y práctico. El discipulado que se lleva a cabo en la celebración ayuda a los miembros a ver todo el panorama mientras todo el mundo adora en un ambiente festivo. Ambos son esenciales en el proceso de llegar a ser más como Jesús.

REUNIONES DE LA FAMILIA EXTENSIVA

El discipulado se lleva a cabo en grupos celulares, ya que cada persona es capaz de compartir profundas necesidades y experimentar la familia de Dios de una manera íntima. La separación de estas relaciones cercanas cuando ocurre la multiplicación puede ser un proceso doloroso que a menudo es resistido por los miembros del grupo por temor a que se pierdan esas relaciones que se han cultivado en el grupo. De hecho, la palabra *división* se asocia a menudo con la multiplicación celular. Muchos sienten que la multiplicación perturba las relaciones, y por lo tanto la quieren evitar a toda costa.

Aunque sea dolorosa, la multiplicación no significa separación, especialmente cuando los grupos celulares se reúnen regularmente en la reunión más grande. La reunión más grande proporciona una manera para que la familia de Dios se conecte de nuevo a un nivel más amplio.

Los amigos cercanos que estuvieron en algún momento en el mismo grupo celular pueden verse, revivir los viejos tiempos, y recibir una unción renovada y fresca antes o después del servicio. Incluso podrían sentarse juntos durante el servicio de adoración.

Veo a la familia en la reunión más grande como el tiempo de reunión de la familia extensiva de Dios, para ministrarse los unos a los otros y en el proceso acercarse más a Jesús.

Muchas iglesias tradicionales son lo que yo llamo las *iglesias celulares únicas,* porque todo lo quieren hacer juntos. Si hay un cumpleaños, todos tienen que celebrarlo juntos. Si hay una actividad, todos tienen que estar presentes. Estas iglesias no crecen más allá del círculo cerrado de amistades, y la mentalidad de célula única conduce al estancamiento y la exclusividad. Sin embargo, en la iglesia celular las amistades íntimas se desarrollan en la célula. La reunión más grande fomenta la renovación de una diversidad de relaciones familiares extensivas. Kirk es un buen amigo mío. Estábamos en el mismo grupo celular hace años. Ahora él dirige una célula familiar y yo soy parte de un grupo para hombres. No obstante, Kirk y yo disfrutamos de la compañía mutua y nos animamos el uno al otro durante las reuniones dominicales. Nos preguntamos acerca de la familia de cada uno, compartimos peticiones de oración, y en general nos animamos en la vida cristiana.

PRESENTACIÓN DE LA VISIÓN

Los miembros de las células reciben la visión y la dirección de su líder para usar sus dones, evangelizar como grupo, practicar hacer todo lo que las Escrituras indican que hay que hacer para ayudarnos los unos a los otros, e incluso recibir el equipamiento del discipulado (siguiente capítulo). Los grupos celulares proveen un contexto maravilloso para que los miembros puedan cumplir la visión de Dios para sus vidas y para avanzar en el ministerio. Sin embargo, los grupos celulares son parte de un todo mayor, al igual que las células biológicas. Las células biológicas no se supone que tracen su propio curso. Más bien, tienen un papel específico que desempeñar en todo el cuerpo.

Durante las reuniones más grandes, el pastor principal de una iglesia celular tiene la oportunidad de discipular a los de la célula y a los que dirigen las células presentándoles la visión, dirección, y ofreciéndoles ánimo. Los líderes de células pueden ser fácilmente desanimados debido a problemas en el grupo, la falta de frutos, o por los compromisos que tiene cada persona. Los pastores sabios de las iglesias celulares utilizan la predicación, los anuncios, los testimonios y otros medios para recordar a los líderes de sus recompensas eternas, de las grandes cosas que Dios está haciendo, y de la necesidad de persistencia.

Los nuevos miembros de la célula pronto se dan cuenta que forman parte de un grupo más grande de personas que hablan el mismo idioma y que tienen el mismo objetivo de ganar el mundo para Jesús. Pronto la congregación comienza a darse cuenta de que la vida celular es la vida cristiana normal y que la asistencia al servicio de celebración es sólo una parte de esa realidad. Se anima a los asistentes a la Iglesia, que aún no asisten a un grupo celular, a participar en una célula para captar todos los beneficios de lo que en realidad es la iglesia.

La mayoría de las iglesias hacen tiempo para dar anuncios y testimonios. Algunas iglesias lo hacen al final del servicio o antes de la predicación. ¿Hace alguna diferencia darles prioridad a algunos anuncios? Creo que sí. En la iglesia celular, el ministerio celular es fundamental para todo lo que se lleva a cabo. ¿Por qué no hacer que sea una prioridad en los anuncios? Estas son algunas ideas:

- Pedirle a un miembro de la célula que ha sido transformado a través del ministerio relacional—ministerio de nuevas amistades, tiempo con el ministerio especial—que comparta lo que Dios ha hecho.
- Escuchar el testimonio de alguien que ha recibido sanidad dentro del grupo celular.
- Presentar a un nuevo líder de multiplicación a toda la iglesia.

Como resultado, tanto la persona que da el testimonio como aquellos que lo escuchan crecerán en su relación con Jesús. Los que asisten a la celebración del domingo tienen que darse cuenta que los principales servicios pastorales de la iglesia se ofrecen a través del sistema celular. Si necesitan de un ministerio y ayuda, lo pueden encontrar en un amoroso grupo celular.

La presentación de la visión para el ministerio celular puede encontrar un gran aliado en el boletín o en otros anuncios de la iglesia. Algunas iglesias no tienen un boletín, pero si hay incluso una hoja informativa ocasional, esta es una buena ocasión para darle al ministerio celular su puesto. Sugiero que el boletín en la iglesia celular resalte un testimonio de cómo las vidas de las personas han sido transformadas a través del ministerio celular.

Estoy supervisando una iglesia que tiene doce células y ciento veinticinco personas reunidas el domingo. En el boletín, que es una hoja de papel de dos caras, en la portada se enumeran todos los grupos celulares cada semana. Esta declaración se hace todos los domingos: "Estamos haciendo discípulos a través del ministerio celular".

Un visitante de la iglesia debe ser capaz de detectar la filosofía y la prioridad de la iglesia en el servicio dominical de la mañana. Animo a las iglesias basadas en células a tener una mesa de información celular donde se encuentren los libros más importantes sobre el ministerio celular, la lección semanal de la célula, una caja para colocar los informes de las células, y otra información pertinente sobre el ministerio celular.

Es una gran idea colocar en el vestíbulo un mapa de la ciudad con cada grupo celular. Este mapa debe explicar dónde se localizan las células, su enfoque (por ejemplo, si son células familiares, células para mujeres, células para jóvenes, y así sucesivamente), y cuándo se reúnen. Un trabajador voluntario o secretaria debe estar disponible cada semana para responder a las preguntas y conectar a nuevas personas al ministerio celular.

No es fácil adaptarse al modelo celular. La gente está acostumbrada a sus viejas costumbres y hábitos. A ellos se les debe recordar el enfoque de la iglesia celular a través de lo que ven en la iglesia durante el servicio de adoración.

ALCANZANDO LA COSECHA

Los grupos celulares individuales son excelentes para fortalecer los músculos de cada miembro a través de la pesca con red, pero tirar una red mucho más grande es también muy eficaz. Muchas iglesias celulares fomentan eventos evangelísticos en la reunión más grande durante el año. Los grupos celulares están íntimamente involucrados en estos eventos de los grupos grandes.

He visto muchos videos de los eventos evangelísticos de iglesia Elim en San Salvador que han atraído a más de ciento cincuenta mil personas. La razón del éxito fue que cada miembro de la célula participó activamente en la invitación, la administración, y orando por el evento. Cada miembro de la célula, grupo celular, sector, zona y distrito trabajaron juntos en armonía para alcanzar a las personas para Jesús. En lugar de ser una campaña masiva, el evento fue administrado cuidadosamente por sectores con códigos de colores, zonas y distritos, de modo que todos sabían dónde sentarse, qué autobús debían tomar y la forma de dar un seguimiento después del evento.

Por supuesto, las concentraciones masivas, como las que realiza Elim no son comunes. Pero las iglesias celulares también movilizan las tropas celulares en una escala más pequeña. He visto a varias iglesias celulares utilizar el "Día del amigo" con gran eficacia. La iglesia moviliza a los grupos celulares para invitar a sus allegados a un servicio especial de búsqueda en un día particular. La transformación se lleva a cabo no sólo en las vidas de los que reciben a Jesús, sino en cada miembro, célula, y líder ya que todos trabajan juntos como un ejército disciplinado para lograr un objetivo mayor. Se requiere un conjunto diferente de músculos para el evento más grande. Se requiere disponibilidad, disposición para trabajar en equipo y seguir las órdenes, sumisión, fidelidad y compromiso. Los futuros discípulos se nutren en la atmósfera de las misiones.

LA IGLESIA DE DOS ALAS

Bill Beckham acuñó el término *iglesia de dos alas* para describir el énfasis del grupo pequeño y del grande en la iglesia celular. Ambas alas ayudan al vuelo de las aves. Beckham a menudo utiliza la siguiente parábola para describir la iglesia celular:

Una vez fue creada una iglesia con dos alas, que podía volar alto a la presencia de Dios. Un día, la serpiente, que no tenía alas, desafió a la iglesia a volar con una sola ala, esa es el ala de la reunión grande. Con mucho esfuerzo la iglesia logró volar, y la serpiente le aplaudió fuertemente. Con esta experiencia, la iglesia se convenció que podía volar muy bien con una sola ala. Dios, el creador de la iglesia, estaba muy triste. La iglesia con una sola ala apenas podía elevarse por encima del suelo, y sólo volaba en círculos sin ser capaz de ir más allá de su punto de origen. La iglesia se acomodó y comenzó a subir de peso y se hizo perezosa, irradiando una vida puramente terrenal. Finalmente, el creador formó una nueva iglesia con sus dos alas. Una vez más, Dios tenía una iglesia que podía volar a Su presencia y cantar sus gozosas alabanzas. [65]

Una iglesia con dos alas está mejor equipada para hacer discípulos que hagan discípulos, que una iglesia que hace énfasis en una u otra forma de manera exclusiva. Ambas son importantes en el proceso del discipulado.

Capítulo Ocho

EL EQUIPAMIENTO DEL DISCIPULADO

Cuando he visto documentales de la Segunda Guerra Mundial o leído libros sobre la Segunda Guerra Mundial, he notado algo que es constante, y es que la experiencia del campo de entrenamiento de los soldados es invaluable. Una y otra vez los soldados sobrevivientes hablaron de lo mucho que odiaron, pero a la vez necesitaron, el campo de entrenamiento. En la batalla real, ellos respondían subconscientemente conforme a lo que habían aprendido a través de los repetidos ejercicios del campo de entrenamiento. Los monótonos entrenamientos que detestaron durante el campo de entrenamiento salvaron sus vidas, ayudándoles a responder con eficiencia y de forma automática en la batalla.

Todos los creyentes están en el frente de batalla de la guerra espiritual, les guste o no les guste. Satanás y sus demonios quieren destruir la Iglesia de Jesucristo. Para derrotar al enemigo y vivir en victoria, la Iglesia necesita basarse en la verdad bíblica que viene de un equipamiento de discipulado profundo. Me refiero a lo esencial de la vida cristiana: cómo orar y leer la Biblia, sometiéndonos al Señorío de Cristo, reconociendo la oscuridad espiritual, teniendo un tiempo devocional diario, y la forma de compartir el mensaje del evangelio. Las iglesias celulares eficaces de manera proactiva desarrollan a todos los miembros a través del equipamiento del discipulado que los prepara para la batalla, al igual que el campo de entrenamiento.

Las iglesias que producen hacedores de discípulos saben que los líderes espirituales del mañana son los niños espirituales, adolescentes espirituales y jóvenes espirituales de hoy. Muchas iglesias, por su parte, han fallado al no equipar a los miembros para el futuro ministerio. Después de todo, hay tantas presiones en el presente. Parece absurdo pensar más allá del ahora. Es incluso posible que una iglesia inicie un ministerio celular y que empiece a producir inmediatamente muchos grupos nuevos. Sin embargo, más adelante los sondeos revelarán que el crecimiento inicial fue simplemente debido a un cambio de líderes. Los líderes que estaban establecidos, que en un tiempo mantuvieron los preciados programas fueron trasladados para dirigir grupos celulares. Pero sin un sistema establecido para discipular a los actuales miembros del grupo celular para que se conviertan en los nuevos hacedores de discípulos, el ministerio celular se detiene en seco.

En cambio, las iglesias de grupos celulares fuertes, desarrollan sistemas de equipamiento de discipulado que llevan al nuevo cristiano de la conversión hasta formar parte de un equipo celular. Debido que la alta dirección se da cuenta de que el equipamiento de nuevos hacedores de discípulos es su tarea principal, priorizan el establecimiento de un sólido sistema de equipamiento de discipulado.

DIFERENCIAS CLAVES ENTRE LA LECCIÓN Y EL EQUIPAMIENTO

Las personas a menudo se confunden acerca de la diferencia entre el equipamiento del discipulado y la lección celular. Es decir, asumen que el equipamiento del discipulado es lo mismo que la lección celular y que el facilitador enseña el equipamiento del discipulado en el grupo celular. Sin embargo, la lección y el equipamiento son dos entidades diferentes:

- La lección celular: Esto es lo que utiliza el facilitador celular durante la reunión de la célula. La lección se basa normalmente en el sermón semanal del pastor y comprende preguntas que se enfocan en una aplicación que lleve a la transformación.

- El equipamiento del discipulado: Trata sobre una serie de manuales que enseñan la doctrina básica, la evangelización, las disciplinas espirituales, y dinámicas para grupos pequeños. Se enseña por *separado* de la reunión celular y normalmente toma de seis meses a un año en completarse.

El propósito de la lección celular es aplicar la palabra de Dios para la vida diaria y para evangelizar a los no cristianos. No explica específicamente cómo orar, leer la Biblia, tener un tiempo devocional, recibir liberación de su gran pecado, y otros aspectos de la vida cristiana, que son esenciales para el discipulado.

Al conocer la necesidad de una enseñanza específica, las iglesias celulares han desarrollado *el equipamiento del discipulado* al cual han llamado con una variedad de nombres, tales como pista de entrenamiento, escuela de líderes, o camino(o pista) de equipamiento. A mí me gusta la frase equipamiento del discipulado porque conecta la meta principal del discipulado con la necesidad del equipamiento esencial.

El equipamiento del discipulado no debe ser complicado, sino sencillo y factible. El plazo promedio para completarlo es de unos nueve meses. Muchas iglesias celulares han adelantado el equipamiento del discipulado para los que completan el primer nivel.

El equipamiento del discipulado puede tener lugar en una variedad de lugares. Muchas iglesias usan sus horas de escuela dominical para el equipamiento. A otros les gusta hacer el equipamiento antes de que comience la célula o después de que termina. Otros les piden a los miembros de la célula que completen el equipamiento del discipulado por su cuenta y luego piden a los que ya han pasado por el equipamiento guiar a los nuevos.

Muchas iglesias celulares más grandes esperan que el personal enseñe el equipamiento del discipulado. Otras iglesias celulares solicitan a aquellos que han completado el equipamiento del discipulado a mentorear a aquellos que están empezándolo. Normalmente, cuando una iglesia comienza la travesía celular, el pastor principal enseña el equipamiento del discipulado a los que conforman el primer grupo piloto. Aquellos que han completado el equipamiento, pueden entonces ayudar en el proceso de equipamiento.

CLARO ENFOQUE DE EQUIPAMIENTO

El mejor camino de equipamiento del discipulado cuenta con un comienzo y con una finalización bien definida. En otras palabras, hay un punto de partida y un punto de llegada. No es como muchos programas educativos tradicionales que simplemente enseñan a la gente información con la esperanza de que posteriormente vayan a hacer algo con el conocimiento. Paul Benjamin, criticando la Escuela Dominical de Norteamérica, escribe: ". . . esta es una escuela de la que nunca nadie se gradúa"[66].

El equipamiento "Helter skelter" tiene lugar cuando la Iglesia establece un programa general de educación. Si bien las intenciones son excelentes, demasiadas personas caen a través de las grietas. No hay manera fácil de realizar un seguimiento del progreso de los que atraviesan por este tipo de sistema. Como resultado de la falta de claridad, un gran número de candidatos lo abandonan. Perderse en la maquinaria educativa es un defecto recurrente en el enfoque de la "educación general".

La educación es un proceso de toda la vida. El equipamiento, por otro lado, toca habilidades específicas, y dura un tiempo limitado. La educación nunca termina. Es útil examinar primero la diferencia entre el equipamiento y la educación. El Dr. Neil F. McBride, hace una aclaración útil:

> La educación es una actividad en expansión, empezando por dónde se encuentra una persona, proporcionando conceptos e información para el desarrollo de perspectivas más amplias y las bases para la toma de decisiones y el análisis futuro. Por otro lado, la formación es una actividad más restringida; considerando las capacidades actuales de una persona, trata de proporcionar habilidades específicas y conocimientos necesarios para aplicar esas habilidades. La atención se centra en el cumplimiento de una tarea o un trabajo específico. [67]

La visión de McBride sobre el equipamiento respecto a que es una *actividad restringida* en comparación con el proceso *de toda la vida* de la educación toca el nervio del equipamiento de la iglesia celular. Entender el propósito específico del equipamiento del discipulado ayuda a centrarse en el equipamiento de los posibles hacedores de discípulos, quienes pueden formar nuevos equipos celulares, sin ignorar la educación general que se obtiene en la realización del trabajo diario, que todos los creyentes necesitan adquirir a largo plazo.

Cuando una iglesia llega a la conclusión que cada miembro es un potencial hacedor de discípulos que puede formar parte de un nuevo equipo celular, el paso lógico es equipar a cada persona para esa tarea. Ralph Neighbour escribe: "Las iglesias celulares deben tomar en serio la necesidad de equipar a cada miembro entrante de la célula. Los miembros de la célula que simplemente están invitados a asistir a las células se estancarán si no tienen el equipamiento claro para el servicio". [68]

El equipamiento del discipulado es parte del ministerio celular en general. No es un "departamento independiente" con una administración diferente. El equipamiento del discipulado y el ministerio celular "encajan como anillo al dedo" Estos son uno. En muchas iglesias celulares el equipamiento del discipulado comienza en la célula (el mentor-el pupilo) porque todos en la iglesia participan en un grupo celular. En otras iglesias celulares, a pesar de que todos los nuevos conversos se conectan inmediatamente con una célula, la mayor parte del equipamiento celular se lleva a cabo en grupos más grandes dentro de la iglesia bajo las redes celulares (es decir, grupos de células reunidas en agrupaciones geográficas u homogéneas).

QUE SEA FACTIBLE

Uno de los factores más importantes es si el equipamiento del discipulado es factible o no. La factibilidad debe guiar el equipamiento. ¿Se graduará del equipamiento la persona? ¿Son los requisitos demasiado rígidos? ¿Son las opciones demasiado pocas? ¿Hay sólo una noche disponible para el equipamiento? Si es así, sólo unos pocos lo terminarán.

Recuerdo la condición inicial del programa educativo en la Iglesia de El Batán, dónde por primera vez ministré en Ecuador.

En una ocasión el equipo pastoral se pasó todo el día trazando todo el proceso educativo para todos los miembros de la iglesia. Fue una experiencia larga y soporífera. Todo parecía impecable en el papel. Habíamos resuelto nuestros problemas, en teoría. Nuestro presuntuoso sistema fracasó porque no era factible o "rastreable". Dejamos que se muriera, por sí solo.

A través de experiencias como la que acabo de describir, he aprendido que la viabilidad debe encontrarse en el centro del equipamiento del discipulado. Las iglesias celulares exitosas incluyen:

- Lugar claro para empezar
- Conocimiento claro acerca de dónde ir
- Idea clara de los logros

El punto es la claridad. Las iglesias celulares exitosas le apuestan a la claridad, y mantienen la practicidad. También hay claridad en el seguimiento del progreso de los que están en el equipamiento.

PRINCIPIOS CLAVES

La mayoría de las iglesias pasan a través de múltiples revisiones en su sistema de equipamiento antes de encontrar el sistema más adecuado. El fracaso inicial a menudo se presenta debido a que la iglesia intenta copiar el modelo de equipamiento de otra iglesia en su totalidad. Muy a menudo, finalmente la iglesia se da cuenta que el modelo de equipamiento no se ajusta a su contexto e identidad única.

Para ayudarte a evitar esta mina terrestre, he extraído seis principios de algunos de los mejores modelos de equipamiento de la iglesia celular. Estos principios deben apuntalar tu sistema de equipamiento, aunque la forma de tu equipamiento será distinta. Aquí les dejo un resumen de los principios claves:

Principio #1: Mantén Simple el Camino del Equipamiento

El mejor equipamiento de discipulado es claro y simple. La mayoría de las iglesias celulares cubren las siguientes áreas en su equipamiento:

- Doctrina básica
- Libertad de la esclavitud
- Disciplinas espirituales
- Evangelismo personal
- Multiplicación

Principio #2: Provee los Pasos a Seguir con el Equipamiento

Las personas aprenden mejor cuando ponen en práctica lo que han aprendido. Asegúrate que tu equipamiento sea práctico, y de tener un paso a seguir para cada parte de tu equipamiento.

- Primer paso: *Doctrina básica;* paso a seguir es el bautismo en agua
- Segundo paso: *Libertad de la esclavitud;* paso a seguir es la confesión del pecado
- Tercer paso: *Disciplinas espirituales*; paso a seguir es tener un habitual tiempo devocional
- Cuarto paso: *Evangelismo;* paso a seguir es tener un evangelismo relacional e invitar a un no-cristiano al grupo
- Quinto paso: Dinámicas celulares y multiplicación; paso a seguir es formar parte de un equipo celular

Principio #3: Prepara un Segundo Nivel de Equipamiento para Líderes de Grupos Pequeños

La mayoría de iglesias celulares continúan entrenando a los que se han graduado del primer nivel y son parte de un nuevo equipo de discipulado. Para ello, dividen su equipamiento en al menos dos niveles. El primer nivel, es el nivel más básico, que incluye las cinco áreas básicas o pasos mencionados anteriormente (cada área normalmente se encuentra en un manual)

El segundo nivel debe incluir cursos doctrinales adicionales, un curso de guerra espiritual, la enseñanza sobre los dones espirituales, y así sucesivamente. Hay mucho espacio para la creatividad, y están disponibles muchos excelentes cursos y materiales. Una iglesia celular decidió utilizar la educación teológica de su denominación mediante el equipamiento extensivo para este segundo nivel.

Los que han formado parte de un equipo celular merecen un trato especial debido a su importante y fundamental papel en la iglesia. Ofréceles toda la ayuda y el equipamiento que necesiten a fin de que sean eficaces.

Algunas iglesias celulares ofrecen incluso un tercer y cuarto nivel de equipamiento, hasta llegar al ministerio pastoral. La iglesia Bautista Comunidad de Fe en Singapur cuenta con un extenso programa de equipamiento para preparar a líderes de más alto nivel. El Centro de Oración Mundial Betania ofrece una escuela bíblica de tres años en su propiedad. La iglesia no requiere educación superior para todos en el liderazgo celular—esta es provista simplemente para los que se sienten llamados al ministerio de tiempo completo.

Principio #4: Utiliza solo una Vía de Equipamiento

Aconsejo a las iglesias a tener sólo una vía de equipamiento de discipulado—aunque esa vía se pueda adaptar a grupos de edades específicos. Después de decidir sobre una vía o camino de equipamiento de discipulado para toda la iglesia (idealmente ambos niveles primero y segundo), una iglesia debe pedirle a todos pasar por el mismo equipamiento. [69]

Principio #5: No Hay Una Metodología para Implementar tu Equipamientos

Algunas personas creen que la única forma de equipar a los nuevos creyentes es de manera individual. Otros están en desacuerdo y preparan a los nuevos creyentes en un ambiente de grupo. No hay que confundir la metodología de equipamiento (dónde o cómo equipa a las personas) con el material.

Me he dado cuenta de una gran variedad de metodologías para la implementación del equipamiento, como de uno-a-uno, de uno-a-dos o tres, equipando después de la reunión del grupo celular, durante las horas de la escuela dominical, seminarios, retiros, o una combinación de todos ellos. Sugiero enseñar el camino del equipamiento durante la hora de la escuela dominical, que a menudo está conectada al servicio de adoración. Luego propongo que aquellos que no pueden asistir durante ese intervalo de tiempo, se les dé la libertad de tomar el mismo equipamiento antes que comience la célula, después que finalice la célula, durante todo el día en un hogar, y cualquier opción adicional a fin de completar el equipamiento.

Principio #6: Ajusta y Mejora Continuamente el Equipamiento

Usted debe estar afinando su sistema de equipamiento continuamente. Una iglesia celular que estudié había estado trabajando en su equipamiento durante siete años; otra había estado en un proceso de desarrollo de diez años, mientras estaba creando y recreando las herramientas. Tú también tendrás que adaptar, ajustar y mejorar tu equipamiento mientras recibes retroalimentación de tus miembros.

TEMAS DE EQUIPAMIENTO

El equipamiento de la iglesia celular es único y creativo. A menudo, una iglesia usará al principio el material de otra iglesia y luego desarrollará el suyo propio.

La primera área o paso es la doctrina básica de la Biblia. Todos los cristianos evangélicos estarían de acuerdo en que la enseñanza de la Palabra de Dios es el fundamento de la vida del nuevo creyente. ¿Significa esto que el nuevo creyente debe tomar la teología sistemática 1, 2, 3 y 4 que lleva cuatro años en completarse? Definitivamente no. Estudié teología sistemática en la Universidad Bíblica y en el seminario, pero como un nuevo creyente necesitaba la leche de la palabra de Dios— los principios básicos.

Uno de los asistentes al seminario me preguntó: "¿Qué clase de doctrina bíblica debería cubrir en mi serie de equipamiento?" Le dije que era importante incluir la enseñanza básica acerca de Dios, el pecado, la persona de Jesucristo, la salvación, el Espíritu Santo, y la Iglesia. También le dije que tenía que decidir si este curso inicial incluiría seis, nueve o catorce lecciones. El número de lecciones en el primer manual dependerá de la cantidad de doctrina bíblica que su iglesia considere necesaria para el nuevo creyente.

La segunda área es la libertad de la esclavitud. Hay muchos creyentes que son esclavos de ataduras tales como: la falta de perdón, las adicciones, el ocultismo, y de otros tipos de comportamientos perversos. Antes de que la persona venga a Cristo, él o ella probablemente adquirieron malos hábitos que siguen obstaculizándole aún después de la conversión. Un retiro o encuentro, con material diseñado cuidadosamente, puede ayudar a acelerar el proceso de la santificación al tratar con estas cargas pecaminosas que impiden el crecimiento y los frutos.

La tercera área, el desarrollo de la vida interior, se centra en las disciplinas espirituales, pero sobre todo en tener un momento de quietud o devocional. El objetivo es ayudar a los nuevos creyentes a que se alimenten ellos mismos. Este paso se resume en el dicho: "Da a una persona un pescado y lo alimentarás por un día; enséñale a pescar y lo alimentarás para toda la vida".

La cuarta área: la evangelización, enseña a la persona cómo compartir su fe, no sólo individualmente, sino en un ambiente de grupo. Cada creyente debe aprender a guiar a alguien más a Jesucristo. Esta etapa explica el plan de salvación en un proceso sistemático paso-a-paso. Más allá de aprender el contenido de la presentación del evangelio, el creyente debe aprender a desarrollar amistades con los no cristianos. La efectividad de la evangelización del grupo pequeño también se pone de relieve, y el equipamiento se da en razón de cómo funciona la célula, como un equipo para evangelizar a los no cristianos, así también proporciona el ambiente ideal para los no creyentes".

La última área abarca la forma de convertirse en facilitador de un grupo celular y ser parte de un nuevo equipo celular. El manual para esta etapa debe cubrir los aspectos básicos del ministerio celular, las dinámicas de los grupos pequeños (por ejemplo, cómo escuchar bien, compartir transparentemente, etc.), cómo ser facilitador de un grupo celular, y las características de los hacedores de discípulos piadosos. Me gusta enseñar este manual en un ambiente de hogar para proporcionar la sensación que causa un grupo pequeño y darle la oportunidad al grupo de practicar las dinámicas de los grupos pequeños. Este manual debe incluir la enseñanza sobre el orden ideal de una reunión celular (por ejemplo, dar la bienvenida, la adoración, la palabra y el trabajo).

EL CONTINUUM DEL DISCIPULADO

El proceso de madurar y llegar a ser como Jesús dura toda la vida. La meta de la vida cristiana es seguir creciendo y llegar a ser como Jesús hasta que estemos en el ciclo. Jesús, en Mateo 28:18-20, nos da una definición amplia de lo que esto podría parecer. Él pasó tres años con sus discípulos, pero estos tenían muchas más lecciones que aprender después de pasar por este

---

Equipamiento Nivel I

1. Forma parte de un grupo celular.
2. Completa el curso de *Fuego Cruzado* (ofrecido en la escuela dominical, en un seminario el día sábado, o antes/después de la célula).
• **Paso a seguir**: Bautizarse y hacerse miembro.
3. Asistir a un encuentro o retiro.
• **Paso a seguir:** Romper con los hábitos pecaminosos.
4. Completa el curso *Cómo Tener un Tiempo de Quietud o Devocional* (ofrecido en la escuela dominical, en un seminario el día sábado, o antes/ después de la célula).
5. Pasos a seguir: Practica regularmente devocionales personales, que se te asigne por parte del líder de la célula un compañero a quien rendirle cuentas,

disponte a servir como un aprendiz de líder, completa la evaluación de la vida espiritual

6. Completa el curso *Cómo Evangelizar* (ofrecido en la escuela dominical, en un seminario el día sábado, o antes/después de la célula).

- **Paso a seguir**: Evangeliza y fija una fecha de lanzamiento para tu propio grupo celular.

7. Completa el curso *Cómo dirigir un Grupo Celular* (ofrecido en la escuela dominical, en un seminario el día sábado, o antes/después de la célula).

- **Paso a seguir**: Lanza un grupo celular

Equipamiento Nivel II
1. Se líder de un grupo celular activo.
2. Completa el curso *Cómo Estudiar la Bíblia por sí Solo* (ofrecido en la escuela dominical, en un seminario el día sábado o en línea).
3. Completa el curso *Cómo Estudiar la Bíblia para Compartirla con los Demás* (ofrecido en la escuela dominical, en un seminario el día sábado o en línea).
4. Completa dos de los siguientes cursos:
   - *El Pentateuco*
   - *La Vida de Crsito*
   - *El Libro de los Hechos*
   - *Las Epístolas*

Pasos a seguir para el Nivel II:
- Multiplica un grupo celular al menos una vez.
- Haz un viaje misionero corto.

Equipamiento Nivel III
- Programa de Estudios de Ministros (este es un programa auto-didacta que está guiado por un mentor. Se ofrece a través de la Alianza Cristiana y Misionera, y el objetivo es que algunos se conviertan en obreros cristianos con licencia).

Equipamiento Nivel IV
- Pasantía autofinanciada de un año (requisitos: terminar las fases I–III)

período de tres años. El Espíritu Santo proveyó para los discípulos muchas más experiencias de crecimiento.

Hace varios años yo estaba supervisando a un pastor llamado Jim Corley en Tucson, Arizona, cuya iglesia estaba en la transición para convertirse en una iglesia celular. La iglesia de Jim ya había hecho como su misión hacer discípulos que hicieran discípulos— incluso antes de hacer la transición para convertirse en una iglesia celular. Mi reto como supervisor era conectar las células con hacer discípulos.

Oramos para saber cómo hacer esto y se nos ocurrió un continuum o secuencia de lo que el proceso de discipulado podría parecer. Te darás cuenta de la interacción entre el discipulado dentro de la célula y la finalización de cada etapa de la senda del equipamiento. Nos imaginamos el proceso de discipulado en al menos cinco etapas, y etiquetamos esas etapas D1-5.

- D-1 discípulo: el crecimiento personal en Jesús a través de la entrega y la construcción relacional con los que están en el nivel más cercano. Aprender a caminar en comunidad con otros miembros de un grupo celular, enfrentar los conflictos, creciendo en amor por los demás a pesar de las diferencias, y hablar directamente con las personas en lugar de murmurar. Comenzar la senda del equipamiento y terminar el primer manual sobre la doctrina.

- D-2 discípulo: aprender a usar los dones del Espíritu en el contexto del grupo y ayudar a otros a reconocer sus dones y talentos. Creciendo en el sacerdocio de todos los creyentes a través de tomar parte activa en la vida de la célula y estar dispuesto a ayudar en las actividades de la célula. Continuando con el equipamiento de toda la iglesia en el primer nivel y terminando el manual sobre la vida interior y cómo tener un momento de quietud o devocional.

- D-3 discípulo: evangelizar con el grupo a los que no conocen a Jesús. Estar dispuesto a planificar la actividad evangelística con otros miembros del grupo y convertirse en pescadores de hombres, como Jesús lo ordenó. Continuando en el equipamiento de toda la Iglesia y terminando el manual sobre la evangelización.

- D-4 discípulo: preparándose para formar parte de un equipo para iniciar un nuevo grupo celular. Participando en un nivel superior al dar la lección y preparándose para lanzarse a un nuevo territorio. Terminando el manual sobre dirigir un grupo pequeño.

- D-5 discípulo: Preparándose para discipular a un nuevo liderazgo a través de convertirse en un supervisor de líderes de célula. Tomando el segundo nivel de equipamiento y supervisando a un nuevo equipo de liderazgo.

La numeración D no tiene que parar con un D1-5, porque sabemos que el proceso de transformación del discipulado no se detiene en este lado del cielo. Jim Corley, de hecho, fue más allá de la numeración D1-5 y desarrolló una ruta de equipamiento que llevó a las personas por todo el camino hasta convertirse en pastor. En el cuadro de abajo, puedes ver como el pastor Corley modificó este continuum para adaptarse a su propio material de equipamiento que ha cambiado con el tiempo.

ENCONTRANDO LOS MATERIALES ADECUADOS

Muchos líderes asumen que la fórmula mágica yace en encontrar el material adecuado, pero la realidad es que la mayoría de las iglesias celulares pasan a través de múltiples revisiones de su material de equipamiento antes de encontrar el sistema más adecuado. El fracaso inicial a menudo se presenta porque una iglesia trata de copiar el material de otra iglesia en su totalidad. A medida que pasa el tiempo, la iglesia se da cuenta que el material de equipamiento no se ajusta a su contexto único y de identidad.

Material Específico

Hay dos puntos importantes a tener en cuenta al seleccionar el material para su equipamiento de la iglesia celular. En primer lugar, ¿es bíblico? ¿Refleja la pura doctrina *una vez dada por los santos?* En segundo lugar, ¿está conectada con tu filosofía de la iglesia celular? En otras palabras, ¿es el equipamiento propicio para convertir a cada miembro en un hacedor de discípulos?

La senda de equipamiento de Ralph Neighbour ofrece una serie de folletos. Neighbour ha pasado la mayor parte de su vida perfeccionando material de equipamiento para cada aspecto de la vida celular— nuevo desarrollo cristiano, plan de estudios de la Biblia, el equipamiento evangelista, los dones del Espíritu, la guerra espiritual, y más. [70] Al creyente se le dice desde el primer día que con el tiempo él o ella va a participar formando parte de un nuevo grupo.

Una famosa iglesia celular en Sudáfrica llamada Centro Cristiano Little Falls (Pequeñas Cascadas) elaboró su propio material basado en la serie de equipamiento de Ralph Neighbour. Pidieron permiso para sintetizar el material de Ralph Neighbour, el cual sólo toma cuatro meses para completarse, en lugar de la duración de un año. El equipamiento de esta iglesia comienza con el equipamiento doctrinal básico de *Bienvenido a tu nueva familia;* luego el nuevo creyente recibe más discipulado en profundidad con el *Kit de Llegada El compañero*: el folleto *Alcanzando al Perdido* prepara al líder potencial para evangelizar, mientras que el *Manual Equipando al Líder Celular* lo catapulta hacia el liderazgo celular. Un manual más profundo, impartido en un retiro, acompaña cada folleto.

He desarrollado mi propia senda de equipamiento de nueve meses que lleva a una persona desde la conversión por todo el camino hasta hacerlo un facilitador de un grupo pequeño, o ser parte de un equipo. Cada libro en mi equipamiento de discipulado contiene ocho lecciones. Cada lección tiene actividades interactivas que ayudan al alumno a reflexionar sobre la lección de una manera personal y práctica. La persona que está siendo entrenada también debe participar en un grupo pequeño a fin de experimentar la comunidad mientras aprende sobre ella. En pocas palabras, el equipamiento incluye:

- Un libro interactivo sobre las verdades bíblicas básicas llamado *Vive*. Este libro cubre las doctrinas cristianas fundamentales, incluyendo el bautismo y la Santa Cena.
- El siguiente libro se llama *Encuentro*, el cual guía al creyente a recibir libertad de ataduras pecaminosas. El libro *Encuentro* se puede utilizar de manera personalizada o en grupo.
- Luego el alumno utiliza *Crece*, para aprender la práctica espiritual del devocional diario. *Crece* da instrucciones paso a paso para tener un tiempo devocional diario, para que el creyente sea capaz de alimentarse, él o ella, a través de pasar tiempo diario con Dios.
- A continuación, la persona estudia *Comparte*, el que le ayuda a él o ella a aprender a evangelizar. Este libro da instrucciones a los creyentes sobre cómo comunicar el mensaje del evangelio de una forma atractiva y personal. Este libro también tiene dos capítulos sobre la evangelización del grupo pequeño.

• El quinto libro se llama *Dirige*. Este libro prepara a la persona para poner en marcha una célula, o para ser parte de un equipo de liderazgo.

También he desarrollado un equipamiento de segundo nivel para aquellos que han completado el primer nivel.[71]

El material utilizado en la mayoría de las iglesias tradicionales es interminable. A menudo es un maravilloso material, pero no conduce a un destino específico. Debido a que la atención se centra en la educación general, no hay límite a lo que debe ser aprendido y ninguna dirección a la persona que está siendo educada.

Materiales de Iglesias Celulares de Todo el Mundo

La mayoría de las iglesias celulares en todo el mundo han desarrollado sus propios materiales. Tú puedes tomar ventaja de sus experiencias. Alguien ha dicho que el *plagio* es copiar el material de una persona, mientras que la *investigación* es reunir los materiales de muchos. Dicho de manera más seria, el plagio es un pecado y la ley nos prohíbe hacer fotocopias completas de materiales con derechos de autor. Podemos, sin embargo, utilizar sus ideas y sintetizarlas con las nuestras.

El Centro Cristiano de Guayaquil, Ecuador, prestó conceptos de Neighbour, Iglesia Elim, y la Misión Carismática Internacional. El Centro Cristiano Little Falls tomó lo mejor de Neighbour y luego lo sintetizó en cuatro folletos y manuales.[72] Te recomiendo el siguiente proceso:

1. Obtén copias de otros materiales de equipamiento: Investiga lo que está allá afuera. Obtén copias de los materiales de las iglesias celulares que respetas.[73]

2. Pon a prueba el material: Después de recibir los materiales de una variedad de fuentes, revísalos y pruébalos para determinar los que mejor se adapten a tu iglesia. Algunos materiales funcionan mejor en las iglesias más educadas, mientras que otros están diseñados para equipar a las personas con menor escolaridad. Tú también querrás evaluar la postura adoptada en cuestiones teológicas específicas para asegurarte que se alinean con las creencias de tu iglesia.

3. Escucha a Dios y adapta: Sobre todo escucha a Dios. Descubre qué es lo mejor para tu propia iglesia y contexto particular. Tú querrás incluir en tus materiales tu inclinación doctrinal específica. Dios ha estado trabajando de forma exclusiva en tu propia situación. Adapta los materiales de acuerdo a tus propias necesidades.

Crea tus Propios Materiales

Con el tiempo, la mayoría de las iglesias celulares establecen sus propios materiales. Es simplemente más cómodo y se adaptan mejor. Dios ha hecho tu iglesia única, con convicciones y una metodología particular. Tú querrás reflejar esta singularidad en tus materiales.

VISLUMBRANDO FUTUROS DISCÍPULOS

Yo estaba con una iglesia en Brasil, donde el pastor me preguntó cómo establecer metas para la multiplicación celular. Le dije que el punto de partida en la fijación de metas es el camino del equipamiento. En otras palabras, las iglesias celulares no permiten a una persona que forme parte de un nuevo equipo celular a menos que él o ella hayan completado todo el camino del equipamiento del discipulado y participe activamente en un grupo celular. Esto significa que el objetivo de la iglesia es que las personas primero atraviesen por el proceso de equipamiento. El camino del equipamiento del discipulado le permite a la iglesia saber cómo trazar el futuro. Si no hay nadie en el equipamiento, existen muy pocas posibilidades de multiplicación. Una iglesia debe tener un equipamiento de discipulado que funcione y que esté bien establecido, para que sea práctico.

Otras iglesias no están dispuestas a establecer metas para los nuevos discípulos porque las personas nuevas no vienen a la iglesia a menudo, y por lo tanto, nadie está pasando por el equipamiento. Otra cosa que puede suceder es que el pastor todavía está aprendiendo acerca de la iglesia celular. He entrenado a algunos pastores que no entienden realmente la visión celular. Mi trabajo como supervisor es el de ayudarles a entender los valores detrás del ministerio celular, cómo trabajar en el ministerio celular, y sobre su propio papel en el proceso. En estas situaciones, no es de mucha ayuda establecer metas hasta que el pastor haya abrazado los valores que le impulsarán a seguir adelante en el proceso de hacer discípulos que hagan discípulos.

Un pastor puede cubrir de metas la pared e incluirlas en el boletín, pero si no se mantiene la verdadera visión y valores, la gente se canse y desierta. Cuando esto sucede, la iglesia se hace crítica y se desilusiona y a menudo vuelve a programas anteriores o dice: "la iglesia celular, simplemente no funciona".

Hay dificultades en la fijación de metas, pero yo creo que es importante que los pastores avancen en una dirección específica. Y cuando estoy supervisando a pastores, trato de ayudarles a discernir un objetivo saludable para hacer discípulos que hagan discípulos—algo que le ayude a seguir adelante sin desanimarlos. Cuando determinamos un objetivo saludable para el año, entonces superviso al pastor y a la iglesia cada semana de acuerdo con esas metas y sueños. Normalmente surgen obstáculos inesperados y a veces el pastor tiene que cambiar a medio camino la meta, a fin de adaptarse a la realidad. Sin embargo, es importante el hecho de que un pastor está vislumbrando un futuro más brillante.

Juan y Paola Paniagua son los pastores principales que dirigen la Iglesia del Nazareno en Stamford, Connecticut. Comenzaron con cuatro grupos celulares en 2011, y en 2012 habían alcanzado la meta de veintidós grupos celulares. Cada mes estábamos pendientes de los que se graduarían del equipamiento del discipulado, de la salud de cada grupo, de los obstáculos imprevistos, y del tipo de supervisión que cada grupo recibía. Durante el verano era especialmente difícil para la iglesia, porque los miembros se desaparecían en el verano y el compromiso de liderazgo se venía abajo. Era difícil para ellos volver a entusiasmar a las tropas y conseguir que estuvieran listas para el otoño.

Sin embargo, su meta para hacer nuevos discípulos les dio una nueva libertad y les trajo a la memoria una gran cantidad de conocimientos sobre las células. Llegaron a la meta propuesta, aunque les tomó cada onza de esfuerzo y mucho trabajo de parte de la congregación para llegar a ella. Yo les dije que el 2013 sería un año para remendar las redes, centrándose en la salud de las células, la comunidad dentro de los grupos, para celebrar los logros de los líderes, y para preparar cada grupo espiritualmente para el 2014.

Así como hay temporadas en la vida, he descubierto que hay temporadas para el desarrollo de grupos pequeños. No siempre funciona en un patrón de multiplicación regimentada para un año. Una gran cantidad de factores deben tomarse en cuenta.

COMIENZA

La travesía de mil millas comienza con el primer paso. Toma ese paso hoy, ya sea que signifique ajustar tu existente camino de equipamiento de discipulado o pedir los materiales para el que estás creando. Recuerda que se necesitarán muchos más pasos a seguir antes de perfeccionar tu camino de equipamiento. Si te mantienes trabajando en esto, descubrirás que el secreto para un maravilloso camino de equipamiento de discipulado es la prueba continua y el perfeccionamiento, hasta que el equipamiento haga en realidad lo que se supone que debe hacer: producir más y mejores discípulos que también estén haciendo discípulos.

EL DISCIPULADO A TRAVÉS DE LA SUPERVISIÓN

La lógica nos dice que Jesús debió haber pasado la mayor parte de su tiempo concentrándose en la multitud. Después de todo, él sólo iba a estar en la tierra por un corto período de tiempo, y las multitudes tenían tantas necesidades. Sin embargo, de los quinientos cincuenta versículos en el Evangelio de Marcos que hablan del ministerio de Cristo, doscientos ochenta y dos muestran a Jesús relacionándose con el público, mientras que doscientos sesenta y ocho ilustran su trabajo con los doce discípulos. [74] ¿Por qué Jesús pasaría tanto tiempo con tan pocos discípulos? Incluso dentro del grupo de los doce, les dio más atención a Santiago, Pedro y Juan. Jesús sabía que tenía que centrarse en estos pocos con el fin de preparar a los que en realidad dirigirían a la multitud. La estrategia funcionó. Hechos

2:41-42 dice: "Así, pues, los que recibieron su mensaje [Pedro] fueron bautizados, y aquel día se unieron a la iglesia unas tres mil personas. Se mantenían firmes en la enseñanza de los apóstoles, en la comunión, en el partimiento del pan y en la oración".

Muchos pastores olvidan este principio. A diferencia de Jesús, se concentran en la multitud y no desarrollan hacedores de discípulos. Algunos pastores pasan la mayor parte de su tiempo preparando el sermón para los oyentes que vienen el domingo. El problema es que los discípulos no se forman principalmente a través de escuchar un mensaje. Otros pastores priorizan aconsejar a los que entran por las puertas de la iglesia. La consejería, como la predicación, es importante. El problema es la dependencia y la extensión del ministerio. De hecho, ambas están conectadas. Ya que el pastor crea una dependencia en sí mismo, no es capaz de llegar a más personas.

La única manera de que un pastor salga de sí es seguir el ejemplo de Jesús: concentrarse en los hacedores de discípulos quienes luego pastorearán la multitud. ¿Por qué? Porque ellos serán los que van a proporcionar los cuidados para el resto de la iglesia.

Este fue el mismo principio que Jetro comunicó a Moisés después de verlo servir como juez desde la mañana hasta la noche (Éxodo 18:13). Jetro dijo a Moisés: "pues te cansas tú y se cansa la gente que te acompaña. La tarea es demasiado pesada para ti; no la puedes desempeñar tú solo" (Éxodo 18:18). Moisés tenía que concentrarse en los líderes quienes después cuidarían de los demás líderes hasta que cada miembro de un grupo de diez fuera pastoreado.

Aunque la palabra *supervisar* no se utiliza en el Éxodo, el principio es el mismo. Es acerca de discipular a los hacedores de discípulos. Esto es lo que Jesús también hizo cuando él se concentró en los doce que luego supervisaron a los principales líderes de la iglesia primitiva. La esencia de la supervisión es el discipular a unos pocos quienes a la vez ministrarán a otros. La supervisión en la iglesia celular asegura que aquellos que están discipulando a otros también están recibiendo discipulado. Los supervisores celulares eficaces dan toda su atención a las necesidades particulares de cada líder a través de escucharlos, enseñarles, estimularlos y hacer estrategias juntos. Los supervisores eficaces cuidan de las necesidades espirituales, emocionales, familiares y personales del individuo.

La palabra *supervisor* es descriptiva de la función que una persona juega cuando él o ella apoya a los facilitadores celulares bajo su cuidado. No es un término sagrado. De hecho, las iglesias usan muchos términos para identificar el papel desempeñado por el supervisor del grupo celular: supervisor, jefe de sección, líder G12, supervisor celular, patrocinador de la célula, incluso L (que es el número romano para 50). He escrito extensamente en otros libros sobre las diferentes estructuras de supervisión que las iglesias celulares utilizan.

CLAVES PARA DISIPULAR A LÍDERES A TRAVÉS DE LA SUPERVISIÓN

En una iglesia plantada o más pequeña, el pastor principal hace la mayor parte de la supervisión. De hecho, la supervisión de los facilitadores de las células debería ser la función principal del pastor principal. Él tiene que hacer lo necesario para asegurar que los líderes de las células están saludables espiritualmente, dando prioridad a sus familias, y dirigiendo a los equipos de los grupos celulares con eficacia. En las iglesias celulares más grandes, con numerosos grupos celulares, el pastor principal se debe centrar en aquellos que están supervisando a otros líderes de equipos celulares (principio de Jetro).

El número de líderes de células que un supervisor deba supervisar varía de una iglesia a otra, dependiendo de la visión de la iglesia y de la capacidad del supervisor. Si el supervisor también dirige un grupo pequeño, yo diría que el supervisor no debería supervisar a más de tres líderes. Si el supervisor no dirige un grupo pequeño, cinco líderes es un número aceptable. Cuando los supervisores se ocupan de más de cinco personas, a menudo la calidad sufre.

Yo animo a los líderes de las células madre a supervisar a los líderes de células hijas de su propio grupo, si el líder de la célula madre está dispuesto. La razón de esto es porque ya existe una relación entre el líder de la madre y el líder de la hija. Como una madre que cuida de sus hijos, el líder de una célula madre tiene una afinidad especial por el nuevo líder del equipo y lo más probable es que tendrá un mayor cuidado en visitarlo y asegurar su éxito. Sin embargo, a veces el líder de la célula madre no puede supervisar al líder de la célula hija por falta de tiempo, deseo, o la capacidad de supervisión. En estos casos, lo mejor es asignar un supervisor al nuevo líder del equipo. La clave es que cada nuevo líder tenga un supervisor que esté orando, visitando, y sirviéndole.

Los mejores supervisores han dirigido grupos celulares idealmente multiplicados. Ellos están en la batalla y provienen del sistema celular. Sin embargo, no todos los líderes son buenos supervisores. Es como el baloncesto, el fútbol o cualquier deporte. Los mejores jugadores no son necesariamente los mejores entrenadores y los mejores entrenadores, posiblemente, fueron jugadores mediocres, porque jugar y entrenar o supervisar requieren diferentes habilidades.

Recomiendo reuniones de supervisión por lo menos una vez al mes en un contexto de grupo (el supervisor con todos aquellos líderes que él o ella esté supervisando) y una vez por mes individualmente entre el líder y supervisor. El contexto de grupo pone de manifiesto los problemas comunes y alienta a los líderes a interactuar los unos con los otros. La supervisión individual ayuda al supervisor a cubrir las necesidades personales profundas de cada líder (por ejemplo: de familia, las necesidades personales, el trabajo y la vida espiritual).

Algunos líderes necesitan reunirse con más frecuencia que dos veces al mes. Otros líderes necesitan menos tiempo. Jim Egli, quien hizo su doctorado en el ministerio celular, escribe:

Los supervisores necesitan tener una reunión personal con el director o pastor de su grupo pequeño por lo menos mensualmente. Los líderes de grupos pequeños necesitan dos reuniones con su supervisor cada mes—una que se enfoque en ministrarles a ellos personalmente y una que se centre en la misión de su grupo. . . Lo menos que deberían reunirse con sus líderes, es una vez al mes. La gran ventaja de reunirse dos veces al mes o cada dos semanas es que esto le permite al supervisor ir más allá de ministrar personalmente a sus líderes de grupos pequeños para pasar a la planificación y a la resolución de problemas.[75]

He visto algunas iglesias celulares cargar a sus supervisores con demasiadas reuniones de supervisión. Esto podría funcionar bien para un período de tiempo determinado, pero a largo plazo el agotamiento puede sobrevenir. Creo que es esencial ser equilibrados con respecto al número de reuniones de supervisión.

Una de las formas fundamentales de supervisión es la visita al grupo del líder de la célula. De esta manera, el supervisor puede constatar lo que realmente está sucediendo— no sólo lo que el líder dice que está pasando. Cuando el supervisor hace la visita a la célula, yo le animo a integrarse como uno de los miembros de la célula y a participar como cualquier otro miembro en el grupo celular.

La visita a un grupo celular es una de las mejores maneras para que el supervisor pueda observar los patrones del líder de la célula. ¿Habla demasiado el líder del equipo? ¿No lo suficiente? ¿Cómo hace el líder con los que hablan mucho? ¿Y con los callados? ¿Él o ella siguió el plan de la lección de la célula? ¿Termina a tiempo? Al hablar con el líder personalmente sobre la célula, comienza con los aspectos positivos y luego destaca las áreas que necesitan mejorar. Esto le ayudará en el proceso de discipulado y lo animará a acercarse más a Jesús.

CÓMO DISCIPULAR A LOS LÍDERES A TRAVÉS DE LA SUPERVISIÓN

Andre Agassi, el famoso jugador de tenis, escribió su libro de memorias titulado *Abrir*. Agassi describe algunas experiencias de entrenamiento o supervisión terribles, pero al entrenador que ensalza es un hombre llamado Gil. ¿Por qué siente Agassi que Gil era un gran entrenador? Porque Gil adaptó su entrenamiento para satisfacer las necesidades de Agassi. Los entrenadores anteriores le dieron a Agassi ejercicios generales. Gil estudió las necesidades específicas de Agassi y ajustó el régimen de entrenamiento de acuerdo a estas. Gil incluso construyó un gimnasio en el garaje de Agassi y diseñó todas las máquinas para hacer ejercicios teniendo a Agassi en mente. Preparó ejercicios específicos para Agassi, conociendo su juego y sus necesidades específicas. En los años siguientes, Agaasi ganó los cuatro torneos del Grand Slam, y Agassi atribuye gran parte de su éxito a Gil, su entrenador.

Los entrenadores eficaces afinan los detalles necesarios para cubrir las necesidades específicas de los jugadores. ¿Qué es lo que le falta al líder? ¿Qué necesidades en particular tiene el líder? Hay disciplinas específicas que los supervisores eficaces practican en el proceso de discipular a los líderes bajo su cuidado.

Discipulando a través de la Oración

Los supervisores eficaces cubren a sus líderes en oración, sabiendo que Dios da la victoria y contesta la oración. Pablo dijo a la iglesia en la casa de Colosas: "Aunque estoy físicamente ausente, los acompaño en espíritu, y me alegro al ver su buen orden y la firmeza de su fe en Cristo" (Colosenses 2:5). A pesar de que Pablo no estaba físicamente presente con la iglesia, estaba allí en espíritu. Es posible estar presente en espíritu con el líder a través de la oración. La Trinidad es el mejor supervisor y le encanta responder a la oración de fe.

Los supervisores van a la batalla en nombre de los líderes bajo su cuidado y proporcionan una protección espiritual contra los ataques de Satanás. Los supervisores eficaces cubren a los líderes con un escudo de oración y luego, cuando hablan personalmente, hay una unidad que ya se ha desarrollado a través de la oración.[76] Animo a los supervisores a orar continuamente por sus líderes, y luego a hablarles sobre esas oraciones. Esto ayudará enormemente en el reino espiritual, pero este hecho también dará a los líderes una esperanza y confianza renovada en el ministerio.

Discipular Escuchando

A menudo, el supervisor se siente inadecuado para supervisar porque siente que no sabe lo suficiente. Sin embargo, a menudo les digo a ellos que el elemento más importante es un oído atento. A menudo, el líder ya sabe qué hacer. Los supervisores pueden estar tan enfocados en lo que quieren decir que se olvidan que el verdadero trabajo está en escuchar.

El supervisor tiene que reconocer que su agenda es secundaria a la agenda del líder. Un gran supervisor sabe cuándo callarse y dejar que la otra persona hable. La mente humana procesa ideas y pensamientos mucho más rápido de lo que una persona puede hablar de ellos (de cinco a uno), así que es fácil irse a la deriva o soñar despierto cuando alguien está hablando. El supervisor debe concentrarse para escuchar de manera efectiva, y no es fácil.

La preparación para escuchar requiere una cierta tarea previa a la reunión. Esta tarea implica pensar en las circunstancias y necesidades de cada líder. Es una gran idea escribir notas y reflexiones sobre el líder que pueden ser examinadas antes de la próxima reunión. Esto ayuda al supervisor a recordar conversaciones pasadas y a prepararlo para escuchar con más atención.

Los grandes supervisores no sólo escuchan lo que tiene lugar en la célula, sino que también se preocupan por el corazón y la vida del líder en general— por el matrimonio, problemas emocionales, los niños, la vida devocional, y el trabajo. A menudo hay cargas que deben ser compartidas para que el líder pueda hacer un mejor trabajo. El supervisor hará que el líder se abrá sí escucha atentamente.

Discipular Dando Ánimos

Bernabé es conocido como el "hijo de consolación". Animó a Pablo y a través de su ánimo le ayudó a convertirse en un discípulo eficaz de Jesucristo. Él vio más allá de los bordes ásperos, se acercó personalmente a Pablo, y luego acompañó a Pablo en sus viajes.

¿Por qué es tan importante el dar ánimo? Porque los líderes de los equipos de los grupos pequeños a menudo no se sienten que están haciendo un buen trabajo. Ellos se comparan a sí mismos con los demás y se sienten fracasados. Ellos escuchan sobre el otro líder del equipo que ya multiplicó su célula y ganó a varias personas para Jesús. El líder puede sufrir fácilmente de sentimientos de incapacidad. "¿Por qué no vienen más personas a mi grupo celular?", se pregunta. Los supervisores eficaces utilizan cualquier oportunidad para alentar al líder. "Jim, tú te presentas para cada grupo celular. Buen trabajo. Para eso se necesita mucho esfuerzo, porque sé que estás ocupado".

Aunque el líder del grupo pequeño está trabajando en el ministerio para Jesús, cuando el supervisor puede ser el instrumento de Dios para dar aliento, es Dios diciendo directamente al líder: "Te aprecio, sigue adelante, tu recompensa está en el cielo".

Discipulando con Nuestro Aprecio

El pastor se preocupa por el supervisor y el supervisor se preocupa por los líderes. El líder, a su vez se preocupa por los miembros. Todo el mundo necesita ser supervisado y apreciado. La supervisión ayuda a que en el sistema todo fluya junto, al igual que la iglesia primitiva.

A menudo, la mejor manera de mostrarle aprecio a un líder es siendo un amigo. Muchas personas pasan por alto este simple, pero potente principio, pero creo que es una de las claves para la supervisión con éxito de líderes de grupos pequeños. Jesús, el máximo supervisor, reveló este sencillo principio en Juan 15:15, cuando dijo a sus discípulos: "Ya no los llamo siervos, porque el siervo no está al tanto de lo que hace su amo; los he llamado amigos, porque todo lo que a mi Padre le oí decir se lo he dado a conocer a ustedes".

Jesús hizo amistad con doce seres humanos pecadores, de quienes fue mentor por tres años. Comió con ellos, durmió con ellos, y respondió todas sus preguntas. El evangelista Marcos describe el llamamiento de los doce de esta manera: "Designó a doce, a quienes nombró apóstoles, para que lo acompañaran

. . ." (Marcos 3:14). Jesús dio prioridad a *estar con ellos* a pesar de una serie de reglas o tecnicismos, y de esto trata el aprecio. Dios no quiere llaneros solitarios. Él quiere que nosotros practiquemos el tema de *los unos-a los otros* en todos los niveles. Y el supervisor puede ministrar a aquellos líderes bajo su cuidado simplemente por medio del amor y la amistad.

Discipular Desarrollando

Los supervisores desarrollan líderes en ambas maneras, tanto formales como informales. Un supervisor apoya el ministerio de cada líder conectándolo con los recursos necesarios, tales como los planes de estudio o currículo, el equipamiento, o apoyo en oración.

Es posible que desees revisar un libro con tu líder o, al menos, recomendar uno. Los grandes recursos ayudarán a tus líderes de células a hacer estrategias de una mejor manera. Tú le podrías decir: "Juan, aquí hay un enlace a un artículo acerca de cómo escuchar. Por favor, revísalo y vamos a repasar esto la próxima vez que nos veamos". O si Juan no es del tipo que iría a Internet para revisarlo, el supervisor puede simplemente imprimirlo y dárselo al líder. Más tarde, el supervisor le puede preguntar al líder lo que él o ella piensa. Si el líder no está dispuesto a comprometerse a hacerlo por su cuenta, puede ser una buena idea leer el artículo entero con el líder.

Conviértete en una persona de recursos, y tú mejorarás, así como los líderes bajo tu cuidado. Un supervisor puede ponerse en contacto con los líderes en línea, enviándoles artículos, citas y ánimo a través del correo electrónico. La comunicación con tus líderes en línea es una manera rápida y eficaz para proporcionar los recursos. Puedes enviar solicitudes instantáneas de oración, actualizaciones en tiempo real sobre el ministerio celular, y material útil que los anime a seguir adelante en tiempos desalentadores. La información enviada a través de correo electrónico es grandiosa porque tus líderes pueden procesar la información de forma privada mientras la tienen a la mano para el futuro.

Discipulando Mediante la Planeación Estratégica

Cuando éramos misioneros en Ecuador tuvimos a nuestra primer bebé, Sarah, estábamos nerviosos. Una partera de la embajada de EE.UU. nos ayudó mucho. Ella era alegre, de confianza, y alentadora. Ella estaba allí en el hospital, cuando nuestra primogénita vino a este mundo.

Los supervisores pueden ayudar tremendamente a los líderes de células en el proceso del nacimiento. Ellos ayudan al líder de la célula a vislumbrar futuros hacedores de discípulos, animando al líder a desarrollar la planificación estratégica para que todos participen en el grupo. El supervisor puede decir: "Tony, ¿has notado a María en tu grupo?" "¿Por qué no la consideras para ser una futura líder?"

El supervisor también le debe recordar al líder de la célula que su planificación estratégica debe incluir animar a todos los miembros a tomar el equipamiento del discipulado, haciéndoles saber que nadie será un futuro miembro del equipo sin antes graduarse del proceso de equipamiento. Los supervisores eficaces también ayudan en el proceso del alumbramiento cuando el grupo envía a trabajar un nuevo equipo de líderes.

Discipulando Mediante el Desafío

Cuando un jefe de equipo se estanca, los miembros lo perciben. Se preguntan qué pasa con el grupo. Falta vitalidad, la lección no está preparada, y el líder emana una cierta apatía. Los supervisores celulares eficaces están lo suficientemente cerca para detectar la falta de vida del líder. El supervisor debe estar dispuesto a hablar directamente con el líder, sabiendo que la condición espiritual negativa del líder afectará a los que están en el grupo.

Pablo, en su mensaje a la iglesia en la casa de Éfeso, dijo, "Más bien, al vivir la verdad con amor, creceremos hasta ser en todo como aquel que es la cabeza, es decir, Cristo". (Efesios 4:15). Los grandes supervisores tratan de modelar este desafío para la acción, por medio de la interacción honesta y haciendo las preguntas difíciles. Animo a los supervisores a comenzar con la frase: "¿Me das permiso de compartir algo contigo?". El líder debe saber que el supervisor le dará una *respuesta directa* y no se *andará por las ramas*.

Sin embargo, debido a que el supervisor quiere lo mejor para el líder, el supervisor agregará una buena dosis de amor en la mezcla. Es una buena práctica no aplicar la corrección hasta dar las gracias y elogios sinceros. Pues siempre habrá algo positivo que observar y destacar. El estímulo positivo permitirá al líder recibir el desafío para ser corregido.

LA SUPERVISIÓN ES LO MÁS IMPORTANTE

A menudo recomiendo el libro de Jim Egli y Dwight Mármol, *Pequeños grupos, Gran Impacto*. Los autores llevaron a cabo su investigación entre tres mil líderes de grupos pequeños en veinte países y querían saber por qué algunos grupos crecen y por qué algunas iglesias celulares hacen un mejor trabajo que otras. Descubrieron que las pequeñas iglesias en crecimiento basadas en grupos pequeños priorizan la oración, practican la supervisión proactiva, y establecen una cultura de la multiplicación.

Sin embargo, cuando se analizaron estas tres actividades juntas, resultó la supervisión el factor clave.

Jim Egli escribe: "De todas las preguntas de la encuesta, una emergió como la más importante. Esa pregunta se hace a los líderes de grupos pequeños: '¿Mi supervisor o pastor se reúne conmigo para animarme personalmente como líder?'. ¡Los líderes que respondan con 'a menudo' o 'muy a menudo', tienen grupos que son más fuertes en todas las medidas de salud y crecimiento!" [77]

La mayoría de las iglesias fracasan porque no ven la supervisión como algo importante. Ellos no dan prioridad a la supervisión en su presupuesto, ni tienen tiempo para aprender cómo supervisar. Incluso podrían minimizar la importancia de la supervisión en su prisa por iniciar nuevos grupos. La investigación de Egli y mármol nos recuerdan que un sistema sano de supervisión mantiene a la iglesia celular sana y moviéndose hacia adelante. Las Iglesias celulares saludables discipulan a los hacedores de discípulos.

EL LLAMADO PARA HACER DISCÍPULOS

Vi un extraordinario documental llamado *Azorian: The Raising of the K-129 (El Levantamiento del K-129)*. El proyecto Azorian fue el intento secreto de los EE.UU. en 1974 para recuperar el submarino soviético hundido K-129 desde el fondo del océano. Casi lo logran, pero la gran garra mecánica o "vehículo de captura" fue incapaz de sostener el peso del submarino y dos tercios del K-129 se hundió de nuevo en el fondo del océano. Algunos creen que las garras mecánicas no funcionaron correctamente debido a una mala elección del acero.

A menos que nuestro fundamento sea lo suficientemente fuerte, no va a resistir el paso del tiempo. El crecimiento de la asistencia, el crecimiento de la iglesia celular, modelos pre-elaborados o incluso el desarrollo de liderazgo pueden convertirse en ejemplos de acero defectuoso que no resistirá el paso del tiempo. El llamado de Cristo a hacer discípulos es la razón bíblica para implementar el ministerio celular. El llamado de Cristo a hacer discípulos que hagan discípulos proporciona un fundamento sólido para el ministerio celular.

Jesús eligió ministrar y moldear a sus discípulos en un grupo, y nosotros tenemos que volver a esta forma de discipulado hoy. Dios está llamando a su Iglesia para hacer discípulos en una atmósfera donde la comunidad, participación, evangelización de grupo, y la multiplicación florezcan. La Iglesia primitiva floreció en un ambiente de una pequeña iglesia en una casa donde estos elementos eran abundantes y los discípulos se multiplicaban. Las pequeñas iglesias en las casas estaban conectadas entre sí para promover el proceso de discipulado.

A lo largo de este libro, hemos visto a la iglesia celular como una excelente manera bíblica de hacer discípulos que hagan discípulos. La célula tiene una función especial moldeando discípulos de Jesucristo y lo mismo ocurre con el sistema de la iglesia celular. Ambos son importantes en el proceso de hacer discípulos que hagan discípulos.

Ahora es tu turno. ¿Qué vas a hacer con la información que has adquirido? ¿Cómo vas a aplicarla? ¿Vas a permitir que te lleve al siguiente paso fomentando el mandato de Cristo de hacer discípulos a todas las naciones? Al final de su vida, Pablo exhortó a su propio discípulo Timoteo: "Lo que me has oído decir en presencia de muchos testigos, encomiéndalo a creyentes dignos de confianza, que a su vez estén capacitados para enseñar a otros". (2 Timoteo 2:2). La tarea de pasar la batuta a las sucesivas generaciones de hacedores de discípulos no debe detenerse debido a un mal eslabón en la cadena. El proceso de discipulado debe continuar hasta que suene la trompeta y Jesús vuelva a reunirse con una Iglesia victoriosa que está produciendo discípulos que hacen discípulos.

NOTAS FINALES

1. He escrito uno de esos libros "multi-propósitos" llamado *Reap the Harvest (Recoger la Cosecha)*. Cumple con el importante propósito de dar una perspeciva general sobre el ministerio celular, toca cada tema de manera superficial y general.

2. Sinek, Simon (23-09-2009). *Start with Why: How Great Leaders Inspire Everyone to Take Action (Comienza con Por Qué: Lo Bien que Inspiran los Líderes a Todos para Accionar)* (p. 29). Groupo Penguin EU. Edición Kindle..

3. Sinek, Simon (23-09-2009). *Start with Why: How Great Leaders Inspire Everyone to Take Action (Comienza con Por Qué: Lo Bien que Inspiran los Líderes a Todos para Accionar)* (p. 65-66). Grupo Penguin EU. Edición Kindle.

4. Sinek, Simon (23-09-2009). *Start with Why: How Great Leaders Inspire Everyone to Take Action (Comienza con Por Qué: Lo Bien que Inspiran los Líderes a Todos para Accionar)* (p. 39). Grupo Penguin EU. Edition Kindle.

5. Michael J. Wilkins, *Following the Master (Siguiendo al Maestro)* (Grand Rapids, MI: Zondervan, 1992), p. 109.

6. John Eldredge, *Waking the Dead (Despertando a los Muertos)* (Nashville, TN: Thomas Nelson, 2003), p. 197.

7. Robert Coleman, *The Master Plan of Evangelism (El Plan Maestro del Evangelismo)* (Old Tappan, NJ: Revell, 1971), p. 33.

8. Yoido Full Gospel Church (Iglesia del Evangelio Completo de Yoido), como otras Iglesias en Corea, cuenta a cada persona como a un "miembro" si esa persona aporta financieramente a la iglesia, de esta manera hay más "miembros" que asistentes.

9. César Castellanos predicó que las doce piedras que Elías usó para construir el sacrificio de Jehová fueron la clave para que Dios respondiera su oración (Claudia y César Castellanos, cassette de audio, *Como influir en otros [How to Influence Others]* enero 2002, conferencia en Bogotá). Castellanos dice, "El modelo de los doce restaura el altar de Dios que está en ruinas" (César Castellanos, *The Ladder of Success (La Escalera del Éxito)* [Londres: Ediciones Dovewell, 2001], p. 25). Se nos dice que Elías no habría escogido a Eliseo si Eliseo hubiera estado arando con once en vez de doce bueyes, y que el Espíritu Santo en Pentecostés llegó cuando Matías había reemplazado a Judas, completando así el número doce (Claudia y César Castellanos, *The Vision of Multiplication (La Visión de Multiplicación,* cassette de audio [Centro de Oración Mundial Betania: Conferencia Celular Internacional, 2001]. César Castellanos y los pastores en la MCI te dirán que la visión del número doce vino directamente de Dios, y que, por lo tanto, debemos seguir esta revelación. A menudo justifican este número en particular diciendo que es una revelación directa de Dios.

10. Cuando utilizo en este libro la palabra *celebración*, me estoy refiriendo a la reunión del grupo grande para adorar y escuchar la palabra de Dios. La mayoría de servicios de celebración ocurren los domingos, pero algunas Iglesias tienen su reunión del grupo grande en diferentes días de la semana.

11. En el mundo Griego, los filósofos se encontraban rodeados de sus pupilos. Los Judíos decían ser discípulos de Moisés (Juan 9:28) y a los seguidores de Juan el Bautista se les conocía como sus (Marcos 2:18; Juan 1:35).

12. Michael J. Wilkins, *Following the Master (Siguiendo al Maestro)* (Grand Rapids, MI: Zondervan, 1992), p. 279).

13. Kevin Giles, *What on Earth Is the Church? An Exploration in New Testament Theology (¿Qué Rayos es la Iglesia? Una Exploración en la Teología del Nuevo Testamento)* ((Downers Grove, IL: InterVarsity Press, 1995), p. 20.

14. David Watson, *Called and Committed (Llamado y Comprometido)* (Wheaton, IL: Harold Shaw Publishers, 1982), p. 17.

15. Joseph Hellerman, *When the Church Was a Family (Cuando la Iglesia era una Familia)* (Nashville, TN: B&H Academic, 2009), p. 125.

16. C. Norman Kraus, *The Community of the Spirit (La Comunidad del Espíritu)* (Waterloo, OH: Herald Press, 1993), p. 33

17. John W. Ellas, *Small Groups & Established Churches: Challenge and Hope for the Future (Pequeños Grupos e Iglesias Establecidas: Desafío y Esperanza en el Futuro)* (Houston, TX: Center for Church Growth), p.41.

18. Rodney Clapp, *A Peculiar People A Peculiar People (Una Gente Peculiar)* (Downers Grove, IL: InterVarsity Press, 1996), p. 90.

19. Hay algunos aspectos del individualismo que son muy bíblicos: la diligencia, la creatividad, y el imperio de la ley, son algunos. Sin embargo, el individualismo que insta a una persona a separarse de los demás— incluyendo de su propia familia—no tienen como origen la Trinidad ni los muchos ejemplos bíblicos y debe ser objeto de crítica e incluso evitarse. Algunas culturas naturalmente practican algunas formas de soborno. Los negocios se basan en las personas a quienes conoces y en los favores que muestras hacia esas personas. Esas culturas creen que el imperio de la ley es demasiado impersonal y prefieren un enfoque relacional a través del soborno. La Escritura critica el soborno y lo llama malo, por lo que este aspecto de la cultura debe ser corregido basado en la palabra de Dios.

20. Bruce J. Malina, "Collectivism in Mediterranean Culture", ("El Colectivismo en la Cultura Mediterranea) en *Understanding the Social World of the New Testament (Comprendiendo el Mundo Social del Nuevo Testamento)*, Dietmar Neufeld y Richard E. DeMaris, eds. (Milton Park, Abingdon,

Oxon; New York, NY : Routledge, 2010), p. 18.

21. Bruce J. Malina, "Collectivism in Mediterranean Culture", ("El Colectivismo en la Cultura Mediterranea) en *Understanding the Social World of the New Testament (Comprendiendo el Mundo Social del Nuevo Testamento)*, Dietmar Neufeld y Richard E. DeMaris, eds. (Milton Park, Abingdon, Oxon; New York, NY : Routledge, 2010), p. 19.

22. Eddie Gibbs, *In Name Only (Sólo en Nombre)* (Wheaton, IL: Bridgepoint Books, 1994), p. 183.

23. C. Norman Kraus, *The Community of the Spirit (La Comunidad del Espíritu)* (Waterloo, OH: Herald Press, 1993), p. 43.

24. C. Norman Kraus, *The Authentic Witness (El Verdadero Testigo)* (Grand Rapids, MI: Eerdmans, 1979), p. 121.

25. As quoted in Michael J. Wilkins, *Following the Master (Siguiendo al Maestro)* (Grand Rapids, MI: Zondervan, 1992), p. 244.
parts"greater than the sum of the parts."

26. C. Norman Kraus, *The Authentic Witness (El Verdadero Testigo)* (Grand Rapids, MI: Eerdmans, 1979), p. 121.

27. Tod E. Bolsinger, *It Takes a Church to Raise a Christian (Se Requiere de Una Iglesia para Criar a un Cristiano)* (Grand apids, MI: Brazos Press, 2004), p. 71. .

28. Rodney Clapp, *A Peculiar People (Una Gente Peculiar)* (Downers Grove, IL: InterVarsity Press, 1996), p. 194.

29. Richard C. Meyers, *One Anothering, Volume 2 (Unos a los Otros)*, (Philadelphia, PA: Innisfree Press, 1999), p. 24.

30. Stephen A. Macchia, *Becoming a Healthy Disciple (Convirtiéndose en un Discípulo Saludable)* (Grand Rapids, MI: Baker Books, 2004), p. 96.

31. As quoted in Randy Frazee, *The Connecting Church (La Iglesia que Conecta)* (Grand Rapids, MI: Zondervan, 2001), p. 13.

32. David Watson, *Called and Committed (Llamado y Comprometido)* (Wheaton, IL: Harold Shaw Publishers, 1982), p. 30.

33. Dietrich Bonhoeffer, *Life Together: A Discussion of Christian Fellowship (La Vida Juntos: Una Discusión sobre la Comunión Cristiana)* (New York, NY: Harper & Row 1954), p. 23.

34. Bilezikian, Gilbert (2009-08-23). *Community (Comunidad) 101* (p. 54). Zondervan. Kindle edition.

35. Gerhard Lohfink, *Jesus and Community (Jesús y la Comunidad)* (Philadelphia, PA: Fortress Press, 1982), p. 42.

36. David Jaramillo escribió esto en el blog de Joel Comiskey Group el 27 de febrero de 2013 (www.joelcomiskeygroup.com/blog_2/)

37. Michael J. Wilkins, *Following the Master (Siguiendo al Maestro)* (Grand Rapids, MI: Zondervan, 1992), p. 247.

38. Larry Crabb, *Connecting (Conectándonos)* (Nashville: Word Publishing, 1997), p. 31.

39. David Sheppard, *Built As a City: God and the Urban World Today (Construido Como una Ciudad: Dios y el Mundo Urbano Hoy)* (London: Hodder and Stoughton, 1974), p. 127.

40. As quoted in Bruce L. Shelley, *The Church: God's People (La Iglesia: El Pueblo de Dios)* (Wheaton, IL: Victor Books, 1978), p. 34.

41. Roland Allen, *Missionary Methods: St. Paul's or Ours? (Métodos Misioneros: ¿De Pablo o Nuestros?)* (Grand Rapids, MI: Eerdmans, 1962), pp. 84-94.

42. Bill Hull, *The Disciple-Making Pastor (El Pastor Hacedor de Discípulos)* (Old Tappan, NJ: Fleming H. Revell, 1988), p. 126.

43. Gilbert Bilezikian, *Community 101 (Comunidad 101)* (Grand Rapids, MI: Zondervan, 2009), p. 99.

44. Carolyn Osiek and David L. Balch, *Families in the New Testament World (Familias en el Mundo del Nuevo Testamento)* (Louisville, KY: Westminster John Knox Press, 1997), p. 35.

45. Nigel Wright, *The Radical Kingdom (El Reino Radical)* (Lottbridge Drove, Eastbourne, UK: Kingsway Publications, 1986), pp. 34-35.

46. Elton Trueblood, in Edward F. Murphy, *The Gifts of the Spirit and the Mission of the Church (Los Dones del Espíritu y la Misión de la Iglesia)* (Pasadena, CA: Fuller Theological Seminary, 1972), p. 152.

47. Roland Allen, *Missionary Methods: St. Paul's or Ours? (Métodos Misioneros: ¿De Pablo o Nuestros?)* (Grand Rapids, MI: Eerdmans, 1962), p. 91.

48. Roland Allen, *The Spontaneous Expansion of the Church: and the Causes Which Hinder It (La Expansión Espontánea de la Iglesia: Y las Causas que la* *obstaculan)* (London: World Dominion Press, 1956), p. 17.

49. *Boundaries (Límites)* (Grand Rapids, MI: Zondervan, 1992), pp. 99–100.

50. Robert E. Logan, *Beyond Church Growth (Más Allá del Crecimiento de la Iglesia)* (Grand Rapids, MI: Fleming H. Revell, 1989), p. 128.

51. George Ladd, *A Theology of the New Testament (Una Teología del Nuevo Testamento)* (Grand Rapids, MI: Eerdmans, 1974), p. 545.

52. Robert Banks, *Paul's Idea of Community (La Idea de Pablo sobre la Comunidad)* (Peabody, MA: Hendrickson Publications, 1994), p. 148.

53. Arthur Patzia, *The Emergence of the Church: Context, Growth, Leadership & Worship (El Surgimiento de la Iglesia: Contexto, Crecimiento, Liderazgo y Adoración)* (Downers Grove, IL: InterVarsity, 2001), pp. 153-154.

54. Tristemente, algunos maestros hoy en día han hecho demasiado énfasis en el ministerio quíntuple enseñando que cada iglesia (grande o pequeña), deberá identificar los cuatro o cinco ministerios y que sin todos estos dones de liderazgo en funcionamiento, la iglesia local está condenada al fracaso. Algunos de estos maestros también infieren que sólo los que tienen un don de evangelista deben evangelizar, y sólo los que tienen un don pastoral deben pastorear la iglesia local, y sólo aquellos que tienen el don de apóstol deben supervisar la plantación de iglesias.

55. Diversas encuestas sobre los dones incluyen: la encuesta sobre los dones del Dr. Mel Carbonell que cuenta con un inventario de dones y la evaluación de la personalidad DiSC. Contactar: 1-800-501-0490 o www.uniquelyyou.com (publicado por únicamente usted, Inc.); encuesta de Alvin J. VanderGriend (desarrollada y publicada por la Iglesia Cristiana Reformada, Ediciones CRC). Contactar: 1-800-4-JUDSON; encuesta de Paul Ford (publicada por Recursos Church Smart). Contactar: 1-800-253-4276; encuesta de Christian Schwarz (publicado por Recursos ChurchSmart). Contactar: 1-800-253-4276.

56. EAs quoted in Paul Ford, *Unleash Your Church (Desata tu Iglesia)* (Pasadena, CA: Charles E. Fuller Institute, 1993), p. 49.

57. Dale Galloway, *The Small Group Book (El Libro del Grupo Pequeño)* (Grand Rapids, MI: Fleming H. Revell, 1995), p. 122.

58. John Mallison, *Growing Christians in Small Groups (Haciendo Cristianos en* *los Grupos Pequeños)* (London: Scripture Union, 1989), p. 9.

59. Richard Peace, *Small Group Evangelism (Evangelismo del Grupo Pequeño)* (Pasadena, CA: Fuller Theological Seminary, 1996), p. 36.

60. En 1998 mi primer libro best-seller, *Home Cell Group Explosion (Explosión del Grupo Celular en la Casa)*, llegó al mercado. El libro mostró mi investigación sobre la explosiva multiplicación del grupo celular y el crecimiento de la iglesia que le seguía. Enseñé mucho sobre cómo las células se multiplicaban, pero no mucho acerca de la salud celular y sobre hacer discípulos a través del ministerio celular.

61. Robert and Julia Banks, *The Church Comes Home: A New Base for Community and Mission (La Iglesia Viene a la Casa: Un Nuevo Fundamento para la Comunidad y la Misión)* (Australia: Albatross Books, 1986), p. 39.

62. Michael Green, *Evangelism in the Early Church (Evangelismo en la Iglesia Primitiva)* (Grand Rapids, MI: Eermans, 2003), Kindle edition, p. 25.

63. Abe escribió esta serie de blogs en www.joelcomiskeygroup.com/ blog_2 en enero 2013.

64. Gehring, p. 25.

65. Bill Beckham, "Chapter 3: The Church with Two Wings," ("Capítulo 3: La Iglesia con Dos Alas") en Michael Green, editor, *Church Without Walls (Iglesia sin Paredes)* (Londres: Prensa Paternoster, 2002), pp. 27-28.

66. Paul Benjamin quoted in Michael Mack, *The Synergy Church (La Iglesia Sinergia)* (Grand Rapids, MI: Baker Books, 1996), p. 64.

67. Neal F. McBride, *How to Build a Small Groups Ministry (Cómo Edificar un Ministerio de Grupos Pequeños)* (Colorado Springs, CO: NavPress, 1995), p. 128.

68. Ralph Neighbour, Jr. "7 Barriers to Growth," ("7 Barreras para el Crecimiento") *Revista Cell Church (Iglesia Celular)*, Verano, 1997: 16.

69. Los líderes maduros que han tomado una gran cantidad de equipamiento en el pasado podrían recibir crédito para los temas que ya han dominado (por ejemplo, la doctrina de la Biblia, el evangelismo, cómo tener un tiempo devocional). Sin embargo, creo que es una buena idea exigir que todos los miembros pasen por la segunda etapa (desarrollo de la vida interior, que por lo general incluye un retiro de encuentro-con-

Dios) y pasar por el paso de multiplicación (último paso).

70. Los materiales Touch pueden ser adquiridos por medio de los Ministerios TOUCH Outreach, 624 West 21st Street, Houston TX 77008, USA; Teléfono 713-861-6629; Fax: 713-861-6629; Email:sales@touchusa. org; http://www.touchusa.org. Su teléfono para ordenar libros es 1-800-735-5865.

71. Tengo otros dos libros *(Coach and Discover) (Supervisa y Descubre)* que son parte de mi nivel de equipamiento avanzado. El libro *Descubre* se centra en cómo un líder de célula puede descubrir sus propios dones espirituales y ayudar a otros en el grupo a encontrar los suyos. Mi libro *Supervisa* ayuda al supervisor del líder del grupo pequeño a supervisar a otra persona que está dirigiendo un grupo.

72. Contacta al Centro Cristiano Little Falls, su sitio web es http://www. lfcc.co.za/ en lfcc@iafrica.com.

73. Para mis propios materiales ir a: http://store.joelcomiskeygroup. com/allbobyjoco.html o llama al 951-567-3394. Los Materiales Touch (Ralph Neighbour) pueden ser adquiridos en los Ministerios TOUCH Outreach, 624 West 21st Street, Houston TX 77008, USA; Teléfono 713-861-6629; Fax: 713-861-6629; email: sales@touchusa.org; http://www. touchusa.org. Para ordenar libros: 1-800-735-5865.

74. Jim Egli y Paul M. Zehr, *Alternative Models of Mennonite Pastoral Formation (Modelos Alternativos de Formación Pastoral Menonita)* (Elkhart, IN: Institute of Mennonite Studies (Instituto de Estudios Menonitas), 1992), p. 43.

75. Jim Egli and Dwight Marble, *Small Groups, Big Impact (Grupos Pequeños, Gran Impacto)* (Saint Charles, IL: Churchsmart Resources, 2011), p. 60.

76. Dios revolucionó nuestras vidas en 1995 después de leer el libro de Peter Wagner Prayer Shield (Escudo de Oración) (Libros Regal, 1992). Tanto Celyce y yo, nos dimos cuenta que no era suficiente enviar "cartas de oración" a los amigos. Necesitábamos tener compañeros de oración específicos. Una de las mejores maneras de supervisar a los líderes es animarlos a tener un escudo de oración (aquellos que están orando por el líder) y formar parte del escudo de oración del líder.

77. Jim Egli and Dwight Marble, *Small Groups, Big Impact (Grupos Pequeños, Gran Impacto)* (Saint Charles, IL: Churchsmart Resources, 2011), p. 57.

RECURSOS POR JOEL COMISKEY

Se puede conseguir todos los libros
listados de "Joel Comiskey Group"
llamando al 1-888-511-9995
por hacer un pedido por Internet en
www.joelcomiskeygroup.com

Como dirigir un grupo celular con éxito: para que las personas quieran regresar

¿Anhela la gente regresar a vuestras reuniones de grupo cada semana? ¿Os divertís y experimentáis gozo durante vuestras reuniones? ¿Participan todos en la discusión y el ministerio? Tú puedes dirigir una buena reunión de célula, una que transforma vidas y es dinámica. La mayoría no se da cuenta que puede crear un ambiente lleno del Señor porque no sabe cómo. Aquí se comparte el secreto. Esta guía te mostrará cómo:

- Prepararte espiritualmente para escuchar a Dios durante la reunión
- Estructurar la reunión para que fluya
- Animar a las personas en el grupo a participar y compartir abiertamente sus vidas
- Compartir tu vida con otros del grupo
- Crear preguntas estimulantes
- Escuchar eficazmente para descubrir lo que pasa en la vida de otros
- Animar y edificar a los demás miembros del grupo
- Abrir el grupo para recibir a los no-cristianos
- Tomar en cuenta los detalles que crean un ambiente acogedor.

Al poner en práctica estas ideas, probadas a través del tiempo, vuestras reuniones de grupo llegarán a ser lo más importante de la semana para los miembros. Van a regresar a casa queriendo más y van a regresar cada semana trayendo a personas nuevas con ellos. 140 páginas.

La explosión de los grupos celulares en los hogares; Cómo su grupo pequeño puede crecer y multiplicarse

Este libro cristaliza las conclusiones del autor en unas 18 áreas de investigación, basadas en un cuestionario meticuloso que dio a líderes de iglesias celulares en ocho países alrededor del mundo— lugares que él personalmente visitó para la investigación. Las notas detalladas al fin del libro ofrecen al estudiante del crecimiento de la iglesia celular una rica mina a seguir explorando. Lo atractivo de este libro es que no sólo resume los resultados de su encuesta en una forma muy convincente sino que sigue analizando, en capítulos separados, muchos de los resultados de una manera práctica. Se espera que un líder de célula en una iglesia, una persona haciendo sus prácticas o un miembro de célula, al completar la lectura de este libro fácil de leer, ponga sus prioridades/valores muy claros y listos para seguirlos. Si eres pastor o líder de un grupo pequeño, ¡deberías devorar este libro! Te animará y te dará pasos prácticos y sencillos para guiar un grupo pequeño en su vida y crecimiento dinámicos. 175 páginas.

Una cita con el Rey:

Ideas para arrancar tu vida devocional

Con agendas llenas y largas listas de cosas por hacer, muchas veces la gente pone en espera la meta más importante de la vida: construir una relación íntima con Dios. Muchas veces los creyentes quieren seguir esta meta pero no saben como hacerlo. Se sienten frustrados o culpables cuando sus esfuerzos para tener un tiempo devocional personal parecen vacíos y sin fruto. Con un estilo amable y una manera de escribir que da ánimo, Joel Comiskey guía a los lectores sobre cómo tener una cita diaria con el Rey y convertirlo en un tiempo emocionante que tienes ganas de cumplir. Primero, con instrucciones paso-a-paso de cómo pasar tiempo con Dios e ideas prácticas para experimentarlo con más plenitud, este libro contesta la pregunta, "¿Dónde debo comenzar?". Segundo, destaca los beneficios de pasar tiempo con Dios, incluyendo el gozo, la victoria sobre el pecado y la dirección espiritual. El libro ayudará a los cristianos a hacer la conexión con los recursos de Dios en forma diaria para que, aún en medio de muchos quehaceres, puedan caminar con él en intimidad y abundancia. 175 páginas.

Recoged la cosecha; Como el sistema de grupos pequeños puede hacer crecer su iglesia

¿Habéis tratado de tener grupos pequeños y habéis encontrado una barrera? ¿Os habéis preguntado por qué vuestros grupos no producen el fruto prometido? ¿Estáis tratando de hacer que vuestros grupos pequeños sean más efectivos? El Dr. Joel Comiskey, pastor y especialista de iglesias celulares, estudió las iglesias celulares más exitosas del mundo para determinar por qué crecen. La clave: han adoptado principios específicos. En cambio, iglesias que no adoptan estos principios tienen problemas con sus grupos y por eso no crecen. Iglesias celulares tienen éxito no porque tengan grupos pequeños sino porque los apoyan. En este libro descubriréis cómo trabajan estos sistemas. 246 páginas.

La Explosión de la Iglesia Celular: Cómo Estructurar la Iglesia en Células Eficaces (Editorial Clie, 2004)

Este libro se encuentra sólo en español y contiene la investigación de Joel Comiskey de ocho de las iglesias celulares más grandes del mundo, cinco de las cuales están en Latinoamérica. Detalla cómo hacer la transición de una iglesia tradicional a la estructura de una iglesia celular y muchas otras perspicacias, incluyendo cómo mantener la historia de una iglesia celular, cómo organizar vuestra iglesia para que sea una iglesia de oración, los principios más importantes de la iglesia celular, y cómo levantar un ejército de líderes celulares. 236 páginas.

Grupos de doce; *Una manera nueva de movilizar a los líderes y multiplicar los grupos en tu iglesia*

Este libro aclara la confusión del modelo de Grupos de 12. Joel estudió a profundidad la iglesia Misión Carismática Internacional de Bogotá, Colombia y otras iglesias G12 para extraer los principios sencillos que G12 tiene para ofrecer a vuestras iglesias. Este libro también contrasta el modelo G12 con el clásico 5x5 y muestra lo que podéis hacer con este nuevo modelo de ministerio. A través de la investigación en el terreno, el estudio de casos internacionales y la experiencia práctica, Joel Comiskey traza los principios del G12 que vuestra iglesia puede ocupar hoy. 182 páginas.

De doce a tres: *Cómo aplicar los principios G12 a tu iglesia*

El concepto de Grupos de 12 comenzó en Bogotá, Colombia, pero ahora se ha extendido por todo el mundo. Joel Comiskey ha pasado años investigando la estructura G12 y los principios que la sostienen. Este libro se enfoca en la aplicación de los principios en vez de la adopción del modelo entero. Traza los principios y provee una aplicación modificada que Joel llama G12.3. Esta propuesta presenta un modelo que se puede adaptar a diferentes contextos de la iglesia.

La sección final ilustra como implementar el G12.3 en diferentes tipos de iglesias, incluyendo plantaciones de iglesias, iglesias pequeñas, iglesias grandes e iglesias que ya tienen células. 178 paginas.

Explosión de liderazgo; *Multiplicando líderes de células para recoger la cosecha*

Algunos han dicho que grupos celulares son semilleros de líderes. Sin embargo, a veces, aún los mejores grupos celulares tienen escasez de líderes. Esta escasez impide el crecimiento y no se recoge mucho de la cosecha. Joel Comiskey ha descubierto por qué algunas iglesias son mejores que otras en levantar nuevos líderes celulares. Estas iglesias hacen más que orar y esperar nuevos líderes. Tienen una estrategia intencional, un plan para equipar rápidamente a cuantos nuevos líderes les sea posible. En este libro descubriréis los principios basados en estos modelos para que podáis aplicarlos. 202 páginas.

Elim; *Cómo los grupos celulares de Elim penetraron una ciudad entera para Jesús*

Este libro describe como la Iglesia Elim en San Salvador creció de un grupo pequeño a 116.000 personas en 10.000 grupos celulares. Comiskey toma los principios de Elim y los aplica a iglesias en Norteamérica y en todo el mundo. 158 páginas.

Cómo ser un excelente asesor de grupos celulares;
Perspicacia práctica para apoyar y dar mentoría a lideres de grupos celulares
La investigación ha comprobado que el factor que más contribuye al éxito de una célula es la calidad de mentoría que se provee a los líderes de grupos celulares. Muchos sirven como entrenadores, pero no entienden plenamente qué deben hacer en este trabajo. Joel Comiskey ha identificado siete hábitos de los grandes mentores de grupos celulares. Éstos incluyen: Animando al líder del grupo celular, Cuidando de los aspectos múltiples de la vida del líder, Desarrollando el líder de célula en varios aspectos del liderazgo, Discerniendo estrategias con el líder celular para crear un plan, Desafiando el líder celular a crecer. En la sección uno, se traza las perspicacias prácticas de cómo desarrollar estos siete hábitos. La sección dos detalla cómo pulir las destrezas del mentor con instrucciones para diagnosticar los problemas de un grupo celular. Este libro te preparará para ser un buen mentor de grupos celulares, uno que asesora, apoya y guía a líderes de grupos celulares hacia un gran ministerio. 139 páginas.

Cinco libros de capacitación

Los cinco libros de capacitación son diseñados a entrenar a un creyente desde su conversión hasta poder liderar su propia célula. Cada uno de estos cinco libros contiene ocho lecciones. Cada lección tiene actividades interactivas que ayuda al creyente reflexionar sobre la lección de una manera personal y práctica.

Vive comienza el entrenamiento con las doctrinas básicas de la fe, incluyendo el baptismo y la santa cena.

Encuentro guíe un creyente a recibir libertad de hábitos pecaminosos. Puede usar este libro uno por un o en un grupo.

Crece explica cómo tener diariamente un tiempo devocional, para conocer a Cristo más intimamente y crecer en madurez.

Comparte ofrece una visión práctica para ayudar a un creyente comunicar el evangelio con los que no son cristianos. Este libro tiene dos capítulos sobre evangelización a través de la celula.

Dirige prepare a un cristiano a facilitar una célula efectiva. Este libro será bueno para los que forman parte de un equipo de liderazgo en una célula.

El Discípulo Relacional: *Como Dios Usa La Comunidad para Formar a los Discípulos de Jesús*

Jesús vivió con sus discípulos por tres años enseñándoles lecciones de vida en grupo. Luego de tres años les mandó que "fueran e hicieran lo mismo" (Mateo 28:18-20). Jesús discipuló a sus seguidores por medio de relaciones interpersonales—y espera que nosotros hagamos lo mismo. A lo largo de las Escrituras encontramos abundantes exhortaciones a servirnos unos a otros. Este libro le mostrará cómo hacerlo. La vida de aislamiento de la cultura occidental de hoy crea un deseo por vivir en comunidad y el mundo entero anhela ver discípulos relacionales en acción. Este libro alentará a los seguidores de Cristo a permitir que Dios use las relaciones naturales de la vida: familia, amigos, compañeros de trabajo, células, iglesia y misiones para moldearlos como discípulos relaciones.

El Grupo Celular Lleno del Espíritu: *Haz Que Tu Grupo Experimente Los Dones Espirituales*

El centro de atención de muchos grupos celulares hoy en día ha pasado de ser una transformación dirigida por el Espíritu a ser simplemente un estudio bíblico. Pero utilizar los dones espirituales de todos los miembros del grupo es vital para la eficacia del grupo. Con una perspectiva nacida de la experiencia de más de veinte años en el ministerio de grupos celulares, Joel Comiskey explica cómo tanto los líderes como los participantes pueden ser formados sobrenaturalmente para tratar temas de la vida real. Pon estos principios en práctica y ¡tu grupo celular nunca será el mismo!

Mitos y Verdades de la Iglesia Celular: Principios Claves que Construyen o Destruyen un Ministerio Celular

La mayor parte del movimiento de la iglesia celular de hoy en día es dinámico, positivo y aplicable. Como ocurre con la mayoría de los esfuerzos, los errores y las falsas suposiciones también surgen para destruir un movimiento que es en realidad sano. Algunas veces estos falsos conceptos han hecho que la iglesia se extravíe por completo. En otras ocasiones condujeron al pastor y a la iglesia por un callejón sin salida y hacia un ministerio infructuoso. Sin tener en cuenta cómo se generaron los mitos, estos tuvieron un efecto escalofriante en el ministerio de la iglesia. En este libro, Joel Comiskey aborda estos errores y suposiciones falsas, ayudando a pastores y líderes a desenredar las madejas del legalismo que se han escabullido dentro del movimiento de la iglesia celular. Joel luego dirige a los lectores a aplicar principios bíblicos probados a través del tiempo, los cuales los conducirán hacia un ministerio celular fructífero.

Fundamentos Bíblicos para la Iglesia Basada en Células
Percepciones del Nuevo Testamento para la Iglesia del Siglo Veintiuno

¿Por qué la iglesia celular? ¿Es porque la iglesia de David Cho es una iglesia celular y sucede que es la iglesia más grande en la historia del cristianismo? ¿Es porque la iglesia celular es la estrategia que muchas "grandes" iglesias están usando? La verdad es que la Biblia es el único fundamento sólido para cualquier cosa que hagamos. Sin un fundamento bíblico, no tenemos un fuerte apuntalamiento en el que podamos colgar nuestro ministerio y filosofía. En Fundamentos Bíblicos para la Iglesia Basada en Células, el Dr. Comiskey establece la base bíblica para el ministerio de grupos pequeños. Comiskey primero examina la comunidad dentro de la Trinidad y la estructura familiar del grupo pequeño en el Antiguo Testamento. Luego explora cómo Jesús implementó la nueva familia de Dios a través de las comunidades estrechamente unidas que encontramos en las iglesias en las casas. Comiskey luego cubre ampliamente cómo la iglesia primitiva se reunía en las casas, levantó liderazgos desde el interior y reunió a las iglesias en las casas para celebrar. El libro concluye exponiendo cómo las iglesias pueden aplicar de manera práctica los principios bíblicos encontrados en este libro.

39602248R00123

Made in the USA
Middletown, DE
19 March 2019